MARCO ◉ POLO

Dänemark

Reisen mit Insider Tipps

Diesen Reiseführer schrieb Thomas Eckert.
Er hat zwei Jahre in Kopenhagen gelebt
und kann sich seitdem sein Leben ohne
Dänemark nicht mehr vorstellen.

marcopolo.de

Die aktuellsten Insider-Tipps finden Sie unter
www.marcopolo.de, siehe auch Seite 108

MAIRS GEOGRAPHISCHER VERLAG

SYMBOLE

 MARCO POLO INSIDER-TIPPS:
Von unserem Autor für Sie entdeckt

★ **MARCO POLO HIGHLIGHTS:**
Alles, was Sie in Dänemark kennen sollten

 HIER HABEN SIE EINE SCHÖNE AUSSICHT

🏃 **WO SIE JUNGE LEUTE TREFFEN**

PREISKATEGORIEN

Hotels		**Restaurants**	
€€€	über 130 Euro	€€€	über 35 Euro
€€	65–130 Euro	€€	20–35 Euro
€	unter 65 Euro	€	unter 20 Euro

Die Preise gelten, wenn nicht anders angegeben, für ein Doppelzimmer mit Frühstück.

Die Preise gelten für ein Menü mit mindestens drei Gängen ohne Getränke.

KARTEN

[120 A1] Seitenzahlen und Koordinaten für den Reiseatlas Dänemark

[U A1] Koordinaten für die Kopenhagenkarte im hinteren Umschlag

Zu Ihrer Orientierung sind auch die Orte mit Koordinaten versehen, die nicht im Reiseatlas eingetragen sind.

GUT ZU WISSEN

Dänische Spezialitäten 20 · Bier = Øl 33 · FKK 37 Udsalg 77
Poul Henningsen 79 · Umwelt 81 · Peter Høeg 88

INHALT

Die wichtigsten
MARCO POLO Highlights

Sehenswürdigkeiten, Orte und Erlebnisse, die Sie nicht verpassen sollten

 Fanø
Die Insel der weiten Strände ist nur mit der Fähre zu erreichen (Seite 29)

 Blåvand, Vejers Strand, Henne Strand
Nichts als Sand, Dünen, Wind und Meer – und über allem der unendliche Himmel des Nordens (Seite 31)

 Nordsømuseet
Die ganze Unterwasserwelt der Nordsee auf einen Blick: ein großes Abenteuer für Augen und Ohren in Hirtshals (Seite 33)

 Altstadt von Ribe
Über 100 Häuser stehen unter Denkmalschutz. Und einen Nachtwächter gibt es auch (Seite 36)

 Den Gamle By
Ein Freilichtmuseum mitten in der Stadt mit Kneipen, Restaurants und hübschen Läden (Seite 45)

 Kunstmuseum Trapholt
Wie ein modernes Kloster wirkt das Museum, dessen Innenräume mit einer Strenge und Klarheit gestaltet wurden, wie sie nur in Skandinavien möglich ist (Seite 51)

 Egeskov
Das perfekteste Renaissance-schloss Dänemarks. Ein einmaliges Ensemble, dessen Anblick allein verzaubern kann (Seite 57)

Abendlicher Spaziergang am Strand

Die klaren Farben des Nordens

 Valdemars Slot
Als wäre es für einen
Märchenprinzen gebaut
worden. Heute ist das Schloss
Museum, Restaurant und
Pension – und immer ein
Erlebnis (Seite 67)

 Ærøskøbing
Die Hauptstadt der Insel Ærø
könnte eine Puppenstube sein,
so unglaublich perfekt ist sie
erhalten geblieben (Seite 69)

 Kleine Meerjungfrau
Nach Maria und der jungen
Dame von Orleans die wohl
berühmteste Jungfrau der
Welt (Seite 84)

 Tivoli
Nicht der größte, aber auf
jeden Fall der schönste Vergnügungspark der Welt – ein
Fest für alle Sinne (Seite 85)

 Frederiksborg
Das Schloss, in dem
Christian IV. geboren wurde,
liegt wie eine Märchenburg an
einem See (Seite 88)

 Humlebæk/Louisiana
Einst ein unbedeutendes
Herrenhaus, heute eines der

Berühmt: Kreidefelsen von Møn

bedeutendsten Kunstmuseen
Europas (Seite 89)

 Kreidefelsen von Møn
Sie wurden besungen und
gemalt: 100 m ragen die
weißen Klippen in die Höhe –
eins der aufregendsten Stücke
Natur überhaupt (Seite 90)

 Wikingerzentrum
Sie waren die besten Seeleute
ihrer Zeit. Was sie hinterließen,
kann man in Roskilde
bestaunen – vor allem ihre
schnellen Boote (Seite 91)

 Die Highlights sind in der Karte auf dem hinteren Umschlag eingetragen

Entdecken Sie Dänemark!

Alles offen: im ältesten Königreich Skandinaviens hat die Zukunft längst begonnen

Was ist denn nur wieder mit diesen Dänen los? Das fragte sich so oder ähnlich halb EU-Europa, nachdem sich die Skandinavier im Herbst 2000 gegen die Einführung des Euro ausgesprochen hatten. Die Dänen wollten lieber ihre Kronen behalten, wenn es auch nur etwas mehr als die Hälfte waren, die mit Nein stimmten. Ja, was war denn da wieder los im Staate Dänemark? Dabei hätte man es doch wissen können. Hätte. Hätten sich also die Mitglieder der großen Familie EU auch nur ein bisschen mit dem dänischen Volkscharakter beschäftigt, sie hätten ahnen können, wie es kommen musste. Ein Schritt voran, zwei Schritte zurück, so geht es nun einmal zu im Staate Dänemark. Und daran ist nicht einmal etwas faul. Es ist einfach die typisch dänische Art der Fortbewegung, mit Tradition: Es geht wohl nicht anders. Dabei sind die Dänen in der Sache Euro oder Krone kein entzweites Volk. Der Riss geht nicht durch die Mitte, sondern gewissermaßen durch jeden einzelnen. Fortschritt oder Tradition, auf dem Gewachsenen beharren oder das Un-

Winterfreuden in Kopenhagen

gewisse versuchen, das ist die Frage, um die es immer wieder geht. Und wer wollte behaupten, dass sie nicht berechtigt wäre? Dänemark ist ein Land, das sich dem Neuen öffnet, ja es geradezu herbeisehnt. Das Neue, das bedeutet vor allem das wirtschaftlich Neue. Als in Ländern wie zum Beispiel Deutschland noch kaum jemand wusste, was das Internet ist, da surfte schon die halbe dänische Nation rund um die Welt. Als sich Europa langsam und unter großen Mühen auf die Umstrukturierung seiner Landwirtschaft vorbereitete, da waren die dänischen Bauern schon längst einen Schritt weiter. Heute arbeiten sie so produktiv wie keiner ihrer Kollegen – weltweit. Die Konkurrenz wurde überlegt und systematisch abgehängt. Ein anderes Beispiel: Ökologie. Es ist noch gar

Der Leuchtturm bei Rubjerg wird langsam von den Dünen begraben

7

Geschichtstabelle

826 Der fränkische Mönch Ansgar bringt das Christentum nach Dänemark

962 König Harald Blauzahn tritt zum Christentum über

1380 Olav III. erbt Norwegen, Island, die Færøer und Grønland

1397 Dänemark, Schweden und Norwegen werden ein Reich unter dänischer Flagge

1523 Schweden wird unabhängiger Staat

1536 Christian III. führt die Reformation ein

1563–70 Siebenjähriger Krieg gegen Schweden

1588–1648 Christian IV. gründet Oslo, Kristiansstad und Glückstadt, wird zum Erneuerer Kopenhagens und kämpft im Dreißigjährigen Krieg auf der falschen Seite: Dänemarks Vormachtstellung im Norden ist dahin

1660 Die absolute und erbliche Monarchie wird eingeführt

1848/49 Einführung der konstitutionellen Monarchie. Aufstand in Schleswig-Holstein, der niedergeschlagen wird

1864 Nach der Niederlage bei Dybbøl annektieren die siegreichen Österreicher und Preußen Schleswig-Holstein. Wenig später fallen die Herzogtümer endgültig an Preußen

1914–18 Dänemark bleibt im Ersten Weltkrieg neutral

1918 Island wird selbstständig

1920 Der nördliche Teil Schleswigs fällt nach einer Volksabstimmung wieder an Dänemark

1924 Erste von Sozialdemokraten geführte Regierung

1940–45 Besetzung Dänemarks durch die deutsche Wehrmacht

1949 Dänemark wird Gründungsmitglied der Nato

1953 Neue Verfassung und Verankerung der weiblichen Thronfolge

1972 Margrethe II., Tochter Frederiks IX., wird Königin von Dänemark

1973 Beitritt zur EG

1989 Die Ehe zwischen gleichgeschlechtlichen Partner wird erlaubt

2000 Eröffnung der Brücke über den Øresund nach Schweden

2001 Das Schengener Abkommen tritt in Kraft; die Dänen stimmen gegen die Einführung des Euro

nicht so lange her, da lachte man sogar in Schleswig-Holstein, dem Land der ewigen Winde, über diese Dänen, die mit ihren Strom erzeugenden Windrädern den Weltmarkt erobern wollten. Heute lacht Dänemark. Nicht nur, dass dänische Firmen inzwischen tatsächlich den Weltmarkt dominieren, jetzt hat die dänische Regierung auch noch ein gewaltiges und einmaliges Zukunftsprojekt beschlossen. Bis 2030 sollen 30 Prozent des im Land verbrauchten Stroms aus Windenergie gewonnen werden. Wenn es so käme, es wäre ein Triumph. Ein Triumph der Zukunft. Und es wird so kommen. Offenheit, aufgeschlossen sein, das ist die eine Seite. Die andere heißt: Wir wollen, dass alles so bleibt, wie es ist. Das nennt man dann gern Tradition. Es ist kein Wunder, dass ausgerechnet die durch und durch

> *Die Abschaffung der Monarchie ist kein Thema*

demokratischen Dänen ihr Königshaus so sehr verehren, ja geradezu lieben wie keine andere Nation. Nicht einmal da kommen die ewigen Konkurrenten, die nordischen Brüder Norwegen und Schweden, mit. Dänemark ist königstreu – aus welchem anderen Land hätte man denn jemals gehört, dass das Volk sammeln geht, damit der Prinz sein Schloss auch ja stilgerecht renovieren kann? Es muss wahre Liebe sein. Denn die dänische Königin Margrethe II. und ihre Familie sind weit davon entfernt, am Bettelstab gehen zu müssen. Es ist wirklich keine Frage: Die Abschaffung der Monarchie ist kein Thema in Dänemark – und wird es auch in 100 Jahren noch nicht sein. Dieses Beharrungsvermögen hat viele gute Seiten. Zu den wichtigsten zählt ohne Zweifel, dass sich das ganze

Auf dem Amagertorv in Kopenhagen steht dieser Brunnen

Land für die Bewahrung der natürlichen Umwelt begeistert. Und das nicht erst seit gestern. Es hat also durchaus seinen Grund, wenn die entlegenste Strand selbst im Winter so sauber und geradezu gepflegt aussieht wie hier zu Lande nur die Vorgärten. Zu den ersten Eindrücken in Dänemark zählt die Sauberkeit. Dabei hat die Sache einen einfachen Namen: Umweltbewusstsein. Verantwortungsgefühl. Und, wieder einmal, Tradition. Und dass die Gesetze, die die Umwelt schützen sollen, streng sind und Übertretungen ohne wenn und aber streng geahndet werden, das hat sicher auch ein wenig dazu beigetragen, die Natur so natürlich rein zu halten, wie es der Fall ist. Auch im Staate Dänemark ist nicht jeder ein Goldjunge, sollte er auch noch so glänzen. Die Natur hat es in sich – und sie hat viele Gesichter (auch wenn es ein – außerhalb Dänemarks – verbreitetes Vorurteil besser wissen will). Dramatisch, wild, unbeherrscht, zügellos, mild, sanft, weich, harmonisch – alles da, bitte sehr, zugreifen! Im Westen diese endlosen Strände, diese romantisch-melancholischen Dünenketten, die sich über Hunderte von Kilometern hinziehen. Im Norden die äußerste Spitze, Grenen genannt, an der sich Kattegat und Skagerrak vereinen – eine Verbindung, die sanft und ohne Aufsehen zu erregen vor sich gehen kann – oder wild, ja beinahe grausam, wenn die Wellen aufeinander einstürmen und das Meer gefährlich brodelt. Die Insel Fünen, die Märcheninsel, auf der der Dichter Hans Christian Andersen geboren wurde, die auch die Blumeninsel genannt wird, weil die Landschaft und das Klima so sanft sind, wie es ein Blumengarten verspricht. Das kleine Paradies der dänischen Südsee, in dem die Inseln wie Perlen im flachen Wasser liegen. Und schließlich Kopenhagen, Hauptstadt, kulturelles und wirtschaftliches Zentrum. Kopenhagen ist die skandinavische Boomtown schlechthin. Gerade entsteht im Süden der Hauptstadt ein ganz und gar neues Viertel, in dem 15 000 Menschen leben und arbeiten sollen: Ørestad. Ein gewaltiges Unternehmen, dem nicht einmal das bauwütige Berlin etwas Vergleichbares entgegenzuhalten vermag. Das alles verdankt sich der Brücke über den Øresund nach Schweden, die 2000

Zu den ersten Eindrücken zählt die Sauberkeit

eingeweiht wurde. Diese Brücke ist mehr als nur ein profanes Bauwerk: Sie ist ein Symbol. Knapp 3 Mio. Menschen wohnen in der so genannten Øresundregion, deren Zentren Kopenhagen auf dänischer und Malmö auf schwedischer Seite sind. Hier entsteht Skandinaviens größter Wirtschaftsraum. Kopenhagen ist auf dem Weg, die skandinavische Metropole Nummer eins zu werden. Und das bedeutet: Bewegung, Veränderung, Zukunft. Die Frage wird sein: Wie wird Dänemark die Aufgaben lösen, die sich aus dieser Entwicklung, die nicht mehr aufzuhalten ist, ergeben? Fortschritt und Tradition, diese ungleichen Brüder, werden sie gut miteinander auskommen? Pessimisten würden sagen: Ach, ihr seht doch, diese Dänen haben nichts begriffen und werden es nie begreifen. Wenn sie den Euro

Hier entsteht Skandinaviens größter Wirtschaftsraum

nicht wollen, dann lasst sie doch. Aber man muss nicht einmal Optimist sein, um voraussagen zu können, dass die nächste Abstimmung über die Einführung des Euro positiv ausfallen wird. Da ist es wieder, das alte Lied: zwei Schritte vor, einen zurück. Bei der Abstimmung über die Maastrichter Verträge war es nicht anders. Und es wird wohl auch nie anders sein. Wer darin allerdings Unentschlossenheit oder sogar einen verkappten Zug zum Separatismus sieht, der hat nichts begriffen. Zukunft und Vergangenheit, Moderne und Tradition, das ist der unspaltbare Kern, um den sich alles dreht. Und sollte es tatsächlich jemanden geben, der behauptet, dass die Dänen damit schlecht gefahren seien, der hat das Land bestimmt noch nie mit eigenen Augen gesehen. Aber das lässt sich ja ändern.

Store Klint, die große Klippe an der Ostküste der Insel Møn

Die besten Wikinger der Welt

**Egal ob Königshaus, Fisch oder Fußball –
in Dänemark ist alles vom Feinsten.
Da können Sie jeden Dänen fragen!**

Andersen, Hans Christian

Der Mann der Märchen und der Fabeln, dessen Vater in Odense Schuhmacher war und der später alles tat, um nie wieder in kleinen Verhältnissen leben zu müssen, steht in dem Ruf eines Nationalhelden. König Christian IV. wurde der Baumeister Kopenhagens, sein Astronom Tycho Brahe holte die Sterne vom Himmel, aber der bürgerliche Andersen war der wahre Zauberer. Er verwandelte Elend in Reichtum, Traurigkeit in Fröhlichkeit, Angst in Zuversicht. Andersen (1805–75) war ein gern gesehener Gast bei den Adligen Dänemarks; monatelang lebte er auf ihren Schlössern und Herrenhäusern und schrieb in dieser herrschaftlichen Geborgenheit. Eine eigene Familie, eine Frau, Kinder hat er nicht gehabt. Alles, was er hatte, waren seine Märchen, seine Fabeln, seine Geschichten. Andersen war sicher einsam – wäre er es nicht gewesen, er hätte nicht so eindringlich von Hoffnung und der Möglichkeit einer besseren Zukunft fabulieren können.

Haus am Strand bei Gammel Skagen im Norden Jütlands

Blixen, Karen

Die große alte Dame der dänischen Literatur des 20. Jhs. lebte bis zu ihrem Tod 1962 zurückgezogen auf ihrem Landsitz Rungstedlund nördlich von Kopenhagen. Im Park hinter dem Haus liegt sie unter einer Eiche begraben. Ihr erster Mann, ein Adliger, war Schwede. Mit ihm ging sie nach Afrika, bewirtschaftete eine Kaffeefarm, verliebte sich in einen anderen Mann, ließ sich scheiden, machte Bankrott, kehrte nach 17 Jahren Afrika nach Dänemark zurück und schrieb den Roman einer überwältigenden Liebe: »Afrika, dunkel lockende Welt«. Die Verfilmung wurde unter dem Titel »Jenseits von Afrika« ein Welterfolg. In ihren späten Jahren in Dänemark wurde sie zu der publizistischen Instanz des Landes, eine *Grande Dame de Lettres,* fordernd, hart urteilend, hart arbeitend. Rungstedlund, das Haus ihrer Eltern, ist heute ein bezauberndes Museum, in dem man die Luft zu atmen meint, die schon die große Blixen inspirierte.

Bornholm

Nirgends in Dänemark scheint öfter die Sonne. Bornholm ist das Mekka

*Mit dem feinen Sand von
Due Odde auf Bornholm wurden
früher Sanduhren gefüllt*

der Familien mit Kindern: Der Verkehr ist noch ruhiger als sonst in Dänemark, viele Strände sind kinderfreundlich. Auf Bornholm gilt eine besondere Regel: Zu keinem Zeitpunkt sollen sich mehr Touristen auf der Insel aufhalten, als es Einwohner gibt. Ausführliche Informationen zu dieser Insel finden Sie im MARCO POLO Reiseführer »Bornholm«.

Brahe, Tycho

König Christian IV. war ein aufgeklärter und absoluter Monarch, an allem interessiert, was seinem Land von Nutzen sein konnte. Der Herrscher auf der Erde wollte auch den Himmel erobern. Seinem Hofastro-nomen Tycho Brahe ließ er mitten in Kopenhagen ein Observatorium bauen. Nach einigen Jahren der Eintracht fiel der impulsive und ganz und gar nicht unterwürfige Brahe in Ungnade. Der Astronom errichtete sich eine Sternwarte auf der Insel Hven, im Øresund. Brahe war nicht nur der Lehrmeister von Johannes Kepler, er beschrieb auch als Erster die Bewegungen der Planeten so präzise, dass kaum noch ein Zweifel daran bestehen konnte, wer um wen kreist – die große Streitfrage der Zeit.

Brugsen

Ein Supermarkt ist ein Supermarkt ist ein Supermarkt – nichts da. Brugsen ist etwas ganz anderes – obwohl es aussieht wie ein Supermarkt. Die Märkte von Brugsen sind gewissermaßen sozialistisch organisiert. Vorbilder waren landwirtschaftliche und andere Genossenschaften. Im Fall von Brugsen heißt das: alle von Pächtern betriebene Läden der Kette bieten ein identisches Grundsortiment an. Zusammenhalt macht stark und senkt die Einkaufspreise. In jedem Brugsen werden auch Waren aus örtlicher Produktion verkauft, meistens landwirtschaftliche Produkte.

Demokratie

Lang lebe die Königin: Dänemark ist eine Monarchie. Aber die demokratischen Traditionen reichen aller Königstreue zum Trotz bis weit in das 19. Jh. zurück. Es ist diese lange Tradition, die auch das Klima im Kleinen, also jenseits der großen Politik bestimmt. In Dänemark gibt es den Begriff der *nærdemokratie,* der Demokratie im engsten Umfeld. Da wird über eine neue Straße ebenso heiß debattiert wie über die Aufnahme von Flüchtlingen – und immer wirkt es auf den außen Stehenden so, als würde trotz aller Leidenschaft nie eine gewisse Grenze überschritten. Der andere wird nie zum Feind. Das mag hin und wieder etwas Quälendes haben, aber es garantiert ein ungeheuer wichtiges Gut: sozialen Frieden.

Dogma/Lars von Trier

Es war wie eine kleine Revolution: Geschichten aus dem wirklichen Leben, erzählt mit der Intensität eines jungen Ingmar Bergman, gefilmt mit einer Kamera, die dem Geschehen nicht einfach nur folgte, sondern dessen Zentrum zu sein schien. Lars von Trier und die Gruppe Dogma setzten Mitte der 1990er-Jahre die Handkamera ein, als wäre sie das einzige Mittel, einer immer haarsträubender erscheinenden Realität Herr zu werden. Die neue Art, Filme zu drehen, war der Beginn einer kurzen, aber äußerst intensiven Epoche. Lars von Trier war das Zentrum dieser Gruppe von Cineasten, er arbeitete mit Darstellerinnen wie der Sängerin Björk. Dogma wollte nicht dogmatisch sein – ganz im Gegenteil. Aber auch Dogma wurde von der Realität eingeholt – und besiegt. Das Neue wurde schnell das Alte, es dauerte keine zehn Jahre, und es hatte sich überlebt. Eine Revolution war es trotzdem.

Fischfang

Fisch ist nicht mehr die Grundlage des nationalen Wohlstands. Aber der Fischfang ist ein nationales Symbol. Er bedeutet viel: weil er Unabhängigkeit bedeutet. Und Geschichte. Dänemark war einmal eine Nation aus Bauern und Fischern. Und noch immer sind viele Traditionen, die aus dem Fischfang herrühren, lebendig oder werden zumindest gepflegt. Kein Supermarkt, in dessen Regalen nicht mindestens zehn Sorten eingelegter Heringe im Glas zu finden sind, keine Cafeteria ohne Krabbenbrot (auch wenn die Krabben aus der Tiefsee stammen). Kürzlich machten dänische Fischer von sich reden, weil sie Seehunde töten wollten, die ihnen angeblich die Fische wegfräßen. Der EU-Quote folgen, Trawler stilllegen, Einsicht zeigen, womöglich sogar aufgeben? Nein. Weil Fisch eben mehr ist als nur Fisch.

Grönland

Dänemark hatte sich schwer damit getan, seine Kolonie in die Selbstständigkeit zu entlassen. Die Untaten der Vergangenheit – noch in den 1950er Jahren wurden ganze Familien zwangsweise umgesiedelt, um den Weg zu den Ölfeldern frei zu machen – sind halbwegs vergessen und vielleicht sogar vergeben. In Kopenhagen sieht man keine entwurzelten Inuit mehr, dem Suff oder dem Stoff verfallen – die Lage hat sich beruhigt. Aber eine Fußballmannschaft haben die Grönländer immer noch nicht auf die Beine gebracht – keine Konkurrenz also für das ehemalige Mutterland. Vielleicht sind deshalb die Beziehungen so gut.

Humor

Humor ist angeblich, wenn man trotzdem lacht. Kann schon sein. Aber warum denn trotzdem? Wird in Dänemark also trotzdem gelacht? Auf jeden Fall wird viel und gern gelacht. Das berühmteste Humorprodukt Dänemarks ist die Olsenbande, die ihren letzten Streich vor einigen Jahren ablieferte: Egon, der Chef der Bande, lebt nicht mehr. Was ist an der Olsenbande komisch? Ist es nicht seltsam, dass die Olsenbande ausgerechnet in der DDR immer wieder im Fernsehen zu sehen war? Vielleicht galt die Bande als politisch harmlos, genauso wie das Land, aus dem sie kam. Die Olsenbande: ein bisschen verrückt, gaga, immer am Rand des Chaos, jenseits von Gut und Böse. Die einen sagen: Klamauk. Die anderen: Blödsinn mit Tiefgang. Vielleicht kann man es so sagen: Wenn 50 Prozent der Bevölkerung eines Landes zur Ironie fähig sind, also auch über sich selbst lachen können, dann ist die Wahrscheinlichkeit groß, dass wir es mit einem intelligenten Volk zu tun haben. Intelligent sind sie, die Dänen. Ob sie über sich selbst lachen können? Manchmal ja, manchmal nein. Humor ist und bleibt: Ansichtssache. Wie die Olsenbande.

Monarchie

Königin Margrethe II. und ihr Prinzgemahl Henrik, ein Franzose von Adel, sind so beliebt, dass es unmöglich scheint, sie könnten jemals von Tomaten oder faulen Eiern getroffen werden, wie es im vergangenen Jahr der schwedische König erleben musste. Wo kann es sich eine Königin leisten, öffentlich zu rauchen und Witze zu reißen und überhaupt so menschlich zu sein wie die gewöhnlichen Sterblichen? Die dänische Monarchie, so viel ist sicher, sitzt fester im Sattel als je zuvor. Sie gibt sich volkstümlich – und sie ist es auch. Da hat das Volk auch nichts dagegen, wenn dieser Luxus ein paar hundert Millionen Kronen pro Jahr kostet. Wer liebt, der zahlt.

Nationalstolz

»Vi er røde, vi er hvide« sangen die Fans der dänischen Mannschaft bei der Fußball-EM 1992 in Schweden. Wir sind rot, wir sind weiß: die Farben der dänischen Nationalflag-

Weihnachtsmarken

Die Idee eines Postbeamten wird hundert

Einar Holbøll erfand im Jahr 1903 etwas, das bis heute an die Wohltätigkeit der Menschen in der Vorweihnachtszeit appelliert: die *julemærker*. Julemærker werden zusätzlich zum Porto auf Postkarten, Briefe, Päckchen und Pakete geklebt. Der Erlös aus dem Verkauf dieser Marken kommt – inzwischen in ganz Skandinavien – gemeinnützigen Kindereinrichtungen zugute. Allein in Dänemark sind das pro Saison rund 20 Mio. Kronen. Julemærker sind heute schon zu begehrten Sammlerstücken geworden, was zur Folge hat, dass es sogar Reprints der alten Marken gibt. Für Reisende, die in der Vorweihnachtszeit vielleicht nach Kopenhagen kommen, sind sie ein schönes und sogar noch nächstenliebendes Mitbringsel.

Highnoon in Kopenhagen: Wachwechsel der königlichen Garde

ge. Dänen sind stolz; auf ihr Land und auf sich selbst. *Verdensbest,* weltbest, lautet einer der Begriffe, mit denen ausgefallenes Design, aber auch die neueste Biersorte gefeiert werden. Das hat vielleicht auch ein ganz klein wenig mit (darf man es sagen?) mangelndem Selbstbewusstsein zu tun. Die kleine Nation von heute war vor 400 Jahren eine große Nation, ja eine Weltmacht. Und manchmal scheint es, als hätte sich das Land noch immer nicht mit seinem Schicksal abgefunden. Aber weil die Dänen klug sind, wissen sie, dass es tatsächlich vieles gibt, auf das sie stolz sein können. Und deshalb äußert sich ihr Stolz so ganz und gar ohne Aggressionen. Es gilt ohne wenn und aber: Wenn der Däne singt, dann lass dich ruhig bei ihm nieder. Und darauf können die Dänen wirklich stolz sein – das macht ihnen in dieser Welt so schnell keiner nach. Am Ende stimmt es also doch: *verdensbest.*

Wikinger

Es war um das Jahr 1000, als die Wikinger in ihrer Blüte standen. Ein wildes, starkes Seefahrervolk, hemmungslos, räuberisch, rücksichtslos. So will es jedenfalls die Legende. In Wahrheit waren die Wikinger sicher auch das, aber sie waren noch viel mehr: Handelsleute, Weltreisende, Kultur Schaffende. Die Faszination vieler Dänen für ihre Vorfahren ist also durchaus verständlich. Beinah überall im Land hat man ihre Festungen ausgegraben oder ihre Schiffe rekonstruiert und lebt in Wikingersiedlungen nach, wie es wohl vor 1000 Jahren gewesen sein mag. Der Mythos der Wikinger ist aber nicht nur eine dänische Angelegenheit. Die Wikinger verbinden den gesamten Norden. So gesehen sind die Wikinger so aktuell wie vor 1000 Jahren. Informationen über alles, was mit Wikingern zu tun hat, liefert *www.vikinger.dk.*

Überraschen, verführen, begeistern

Dänische Küche, gibt es so etwas überhaupt? Ja, und wie. Aber sie hat ihren Preis

Gut, dass es Vorurteile gibt. Sie sind so angenehm leicht zu widerlegen. Einen Nachteil haben sie aber doch: Ihnen scheint ewiges Leben beschieden. Vorurteil Nummer eins: Dänische Küche gibt es nicht. Nichts falscher als das. In den letzten Jahren hat sich eine Küchenrevolution ereignet. Junge dänische Köche haben sich in der Welt umgesehen – und die Welt mit nach Hause gebracht. Selbst das Hotel D'Angleterre in Kopenhagen, wo Könige tafeln und die Reichen dieser Welt, hat sich dem Neuen geöffnet und ein kleines, elegantes Restaurant eröffnet, in dem sich trifft, was auf Etikette verzichten kann, aber nicht auf eine exquisite Küche. Ein Beispiel unter vielen. Die jungen dänischen Kochkünstler überall im Land haben nichts mehr mit fetten Saucen, langweiligen Braten oder roter Grütze mit Sahne am Hut. Was Köche wie Christian Bind, Hans Beck Thomsen, Jean-Louis Lieffrois, Rekke Dithmer und viele andere auszeichnet, ist ihre

Konzentration auf lokale Grundprodukte. Die Grundlage einer wirklich dänischen Küche. Die Köche, Künstler und Handwerksmeister in einer Person sind bestrebt, wenn möglich alles aus der näheren Umgebung zu beziehen, so frisch und so gut es eben geht. Mit anderen Worten: Sie legen größten Wert auf Qualität. Und damit wären wir bei Vorurteil Nummer zwei: alles viel zu teuer. Qualität, daran wird sich wohl kaum etwas ändern, hat ihren Preis. Selten ist eine gebratene Scholle unter 20 Euro zu haben, in den besseren Restaurants liegen die Preise in aller Regel über 25 Euro. Das schmerzt, aber überteuert ist es nicht. Man muss nicht Gourmet sein, um zu entdecken, dass es die dänische Küche wirklich und wahrhaftig gibt. Wer allerdings glaubt, Hotdog, *pølser*, Frikadelle und Schollenfilet sei alles, der ist mächtig auf dem Holzweg. Obwohl: Auch die einfachen Genüsse können Genüsse sein. Man sollte allerdings nicht den Fehler machen, sie in Fastfoodbratereien oder Imbissen zu suchen. Und wenn man sie dort nicht gefunden hat, von der eige-

Die Tische sind festlich gedeckt – dänisches Ambiente

Dänische Spezialitäten

Lassen Sie sich diese Köstlichkeiten gut schmecken!

Speisen

Anretning – 10 Gänge, warme und kalte Speisen wechseln sich ab. Dazu wird gesungen und Schnaps getrunken

Bakskud – geräucherter und getrockneter Plattfisch, der vor dem Servieren erwärmt wird. Gibt es nur auf der Insel Fanø

Biksemad – Resteessen: Kartoffeln, Gemüse, Eier

Dansk bøf – Frikadellen, frisch gebraten, nur echt mit gebratenen Zwiebeln, Kartoffeln und roter Bete als Beilage

Flæskesteg – Schweinebraten. Gute Qualität ist leider rar

Fyldt rødspætte – gefüllte, gebratene Scholle. Die Füllung besteht meist aus Tiefseekrabben und Spargelspitzen

Smørrebrød – Weißbrot oder Schwarzbrotscheiben, belegt mit paniertem Fischfilet, Krabben, Leberpastete und anderem

Stegt ål – gebratener Aal. Das Gute dabei: Der Aal kommt mit fast 100-prozentiger Sicherheit aus dänischen Gewässern

Æggekage – Eigentlich ein traditionelles Bauerngericht: Der Eierkuchen wird heiss in der Pfanne serviert. Beilagen: keine

Gåsebryst – über einem Blätterteigboden wölbt sich ein Sahneberg, der einen Pflaumenmuskern umschließt. Mit Marzipan überzogen

Kanelstang – besteht aus Blätterteig, Mandelsplittern, Marzipan und Zimt; selten weniger als einen halben Meter lang

Wienerbrød – ähnlich lang wie eine kanelstang, mit einer Füllung aus Marzipan oder Buttercreme; Mandelsplitter liegen obenauf

Rød grøde med fløde – rote Grütze mit Sahne. Die Grütze ist aber weniger Grütze als vielmehr eine dickflüssige Beerenmischung, die mit Sahne oder mit Vanillesauce serviert wird

Getränke

Aalborg Aquavit – der Schnaps Nummer eins in Dänemark. In Aalborg werden seit über 100 Jahren mehr als zehn verschiedene Sorten Aquavit hergestellt

Gammeldansk – der dänische Magenbitter schlechthin. Wird gern auch schon vor dem Frühstück als Muntermacher eingenommen

nen Bequemlichkeit auf die Qualität im Ganzen schließen. Es wird jedem auffallen, der das Land bereist: kein Ort, fast kein Dorf, in dem es nicht wenigstens einen Bäcker gibt. Das Süße hat im dänischen Leben seinen festen, unerschütterlichen Platz. Legende ist die Zahl an Blätterteigkreationen; berühmt sind die Crèmes, mit denen das Gebäck gefüllt wird. Es gibt Törtchen und Torten wie überall – aber die Sahne schmeckt einfach satter, kräftiger, süßer (weil sie ein paar Prozent mehr Fett hat als in diesen mageren Zeiten üblich). Eine besondere Spezialität ist das bis zu einem halben Meter lange *Wienerbrød* mit Marzipan und Walnussscheibchen – eine süße Versuchung, der man nur schwer widerstehen kann. Die Mohnbrötchen heißen *Birkes* und sind so federleicht, dass einzig und allein der Mohn, mit dem sie bestreut sind, ihnen etwas Schwere verleihen kann. *Rundstykker* (Brötchen) sind tatsächlich so rund, wie es ihr Name verspricht: Sie bilden das Rückgrat der Brötchenzunft. In den letzten Jahren haben sich gewisse Vorteile einer ökologisch orientierten Ernährung offenbar auch bis nach Dänemark herumgesprochen. Immer häufiger werden Brötchen und Brote mit Körnern angeboten, sogar Schwarzbrot *(rugbrød)* ist verstärkt zu haben. Jeder Bäcker, der auf sich hält, hat eigene Mischungen im Programm: nicht nur Backwaren, sondern auch kleine, nahrhafte Leckereien. Es ist etwas in Bewegung gekommen in Dänemark. Nicht geändert hat sich die vom Gewohnten abweichende Bezeichnung der traditionellen Mahlzeiten. In Dänemark bedeutet *middag* Abendessen,

frokost dagegen Mittagessen. Im Unterschied zu deutschen Gewohnheiten meint *frokost* aber nicht unbedingt ein vollwertiges Gericht, sondern eher eine leichte Zwischenmahlzeit. Ausschließlich *frokost* servieren die so genannten *frokostrestaurants,* oft werden hier *smørrebrøds* oder Salate angeboten. Aber inzwischen gibt es für den, der wie gewohnt zu Mittag essen will, genügend Möglichkeiten.

Kaffeetrinker werden sich daran gewöhnen müssen, dass der Kaffee oft nicht frisch aufgebrüht wird, sondern aus warm gehaltenen Gefäßen fließt. Dafür darf so viel getrunken werden, wie es der Durst verlangt – eine Tasse kostet genauso viel wie eine ganze Kanne. Alternative zum Kannenkaffee: Espresso. Der große Vorteil: Er ist immer frisch. Der große Nachteil: Die Kannenregel gilt nicht.

Manch Deutscher sieht es mit einem gewissen Neid: Die Dänen feiern gern. Und sie verstehen es, zu feiern. Es werden Lieder gesungen, es gibt die kleinen Rituale, die einer Gesellschaft geläufig sind, deren Gewohnheiten und Sitten sich nur langsam ändern. Bei größeren Feiern wird das so genannte *anretning* in Angriff genommen: Bis zu zehn Gerichte, von der Suppe bis zum Dessert, werden nacheinander wie ein großes Menü aufgetragen. Die Speisefolge folgt einem traditionellen Muster aus warmen und kalten Speisen. Das Geheimnis liegt in der Zurückhaltung. Da jeder Däne aus Erfahrung weiß, was ihn erwartet, nimmt er sich von jedem Gang nur eine kleine Portion – der Abend ist lang. Wer das nicht weiß, der kann sich bei dieser Gelegenheit ganz wunderbar blamieren.

Schöner Schein und lebendes Licht

Ob mit der Hand gemacht oder industriell gefertigt: Dänisches Design ist mehr als einfach nur gut

Design & Kunsthandwerk

Über dänisches Design informiert *www.design.dk*. Wer sich für dänisches Kunsthandwerk interessiert, wird bei *www.crafts.dk* fündig. Das Informationscenter für Kunsthandwerk gibt außerdem eine Broschüre heraus, in der sich die wichtigsten Kunsthandwerker vorstellen: *Danish Crafts, Amagertorv 1, DK-1160 København, www.danishcrafts.com*

Glas

Der Hoflieferant Holmegaards Glasværker produziert seine edlen Gläser nördlich von Kopenhagen. Man kann sowohl bei der industriellen Fertigung als auch bei der Arbeit traditioneller Glasbläser zuschauen. In dem angeschlossenen Laden sind alle Holmegaardprodukte zu haben. *Holmegaard, Fensmark, Führungen Mo–Do 9.30–13, Fr 9.30–12 Uhr*

Kerzen

Kerzen heißen auf Dänisch *levende lys*: lebendes Licht. Ein deutlicher Hinweis darauf, welche Wertschätzung sie in Dänemark genießen. Kerzen werden also nicht nur für

Macht Eindruck: Geschäftsraum von Royal Copenhagen

Touristen, sondern auch und vor allem für den einheimischen Markt hergestellt. Sie sind nicht teuer, weil sie in großer Zahl und industriell produziert werden.

Porzellan: Royal Copenhagen

Das Porzellan der Königlichen ist wirklich königlich: die dänische Königsfamilie jedenfalls nimmt sich traditionell vom Geschirr dieser Firma, die auch schon für andere Königshäuser gearbeitet hat. *Führungen durch das Werk im Kopenhagener Stadtteil Frederiksberg: Mo–Fr 9, 10, 11, 13 und 14 Uhr, Royal Copenhagen Welcome Center, Smallegade 45, Eintritt 25 Kronen. Am Amagertorv 10* in der Kopenhagener Fußgängerzone *Strøget* befindet sich das Hauptgeschäft von Royal Copenhagen. Hier sind auch Produkte der zweiten bedeutenden Porzellanmanufaktur Dänemarks, *Bing & Grøndahl*, erhältlich (*www.royalscandinavia.com*).

Schmuck: Georg Jensen

Der berühmteste aller dänischen Silberschmiede unterhält in Kopenhagen, *Amagertorv 6*, nicht nur ein Geschäft, es kann auch das Firmenmuseum mit Arbeiten des Künstlers von 1904–40 besichtigt werden.

Feste, Events und mehr

Keine Kinder von Traurigkeit – in Dänemark wird das ganze Jahr gefeiert

Feiertage

1. Januar *Neujahr;* **März/April** *Gründonnerstag; Karfreitag; Ostermontag;* **April/Mai** *Buß- und Bettag* (4. Freitag nach Ostern); **1. Mai** *Tag*

Beliebt: Ringreiterwettkämpfe

der Arbeit; **Mai/Juni** *Christi Himmelfahrt; Pfingstmontag;* **5. Juni** *Verfassungstag;* **25./26. Dezember** *Weihnachten*

Feste und Veranstaltungen

Mai/Juni
24./25 Mai *Karneval in Aalborg.* 100 000 Menschen ziehen durch die Straßen, begleitet und euphorisiert von Sambabands. Die ganze Stadt hat sich verkleidet, gefeiert und getanzt wird bis spät in die Nacht.
Karneval in Kopenhagen. Der größte, bunteste und lauteste Karneval Dänemarks – und ein riesiges Fest. Anfang Juni *Roskilde Dyrskue.* Seelands größte Tierschau mit Bauernmarkt. Wie in alten Zeiten werden Pferde per Handschlag gekauft, vom Zwerghuhn bis zum Mastochsen ist alles zu haben.
Insider Tipp Mitte bis Ende Juni *Wikingerspiele* in Lindholm Høje bei Aalborg. Die Spiele, prächtiges Theater und Historienspiel zugleich, sind von einer solch dichten Atmosphäre, dass man glauben könnte, Thor hätte diese Wikinger als Wiedergänger zu uns geschickt.
23. Juni *Sct. Hansbal.* Die große Feuerparty überall in Dänemark zur Feier der Sonnenwende. An den Stränden werden große Reisighaufen entzündet.

Juli

Anfang Juli *Roskilde Festival.* Das größte Rock- und Popfestival Dänemarks wird jedes Jahr von mindestens 70 000 Menschen besucht, die im Ernstfall auch damit zufrieden sind, die Nacht im Freien verbringen zu müssen.

5./6. Juli *Ringreiten und Tattoo* in Aabenraa. Das Tattoo von Brundlund Schloss ist das einzige professionelle Tattoo, an dem ausschließlich Militärkapellen teilnehmen. Gleichzeitig findet auf Brundlund eines der größten Ringreiterturniere Jütlands statt.

Insider Tipp Mitte Juli *Jazzfestival* in Maribo/ Lolland. Das einzig wahre Festival für die Freunde des traditionellen Jazz. In Kneipen und auf Plätzen der Stadt wird ganz und gar unverstärkt vor sich hin gejazzt.

2. Juliwochenende *Volksfest* in Ørbæk/Fünen. 3 km Bude an Bude, 200 Pferde, drei Festzelte und als Kuriosität ein Tirolerzelt, in dem Hering gratis zu haben ist: das größte Volksfest Fünens.

Ende Juli Regatta *Rund Fünen.* 100 historische Segelschiffe umsegeln in fünf Tagen die Insel. Start und Endpunkt der Regatta ist Svendborg.

August

1. Donnerstag *Markttag anno 1890* in Svendborg/Fünen. Als wäre die Zeit stehen geblieben: Auf dem Marktplatz im Zentrum stehen 100 Buden, und wer sich im Stil der Zeit kleidet, der erhält eine Gratismahlzeit.

Mitte August *Baltic Sail* in Helsingør. Historische Segler und Dampfschiffe liegen im Hafen vertäut oder machen sich bereit für die kleine Fahrt auf dem Øresund. An Land wird von früh bis spät gefeiert.

3. Dienstag *Klostermarkt* in Løgumkloster/Westjütland. Pferde und Flohmarkt, der jedes Jahr mehr als 50 000 Menschen anzieht.

30./31. August ★ *Mittelalterfest* in Horsens/Ostjütland. Zauberer, Musiker, Ritter und Mönche verwandeln das Fest in einen großen Jahrmarkt. In Turnieren werden die geschicktesten und schönsten Ritter gekürt.

September

6.–8. September *Drachenfestival* auf Rømø/Westjütland. Am Strand von Lakolk steigt das größte Drachenfestival Dänemarks. Hunderte von selbst gebauten Drachen streiten um den Titel des Drachenkönigs, Profis zeigen, was man mit Drachen alles machen kann.

Mittsommernachtsfest am 23. Juni

Im Westen nur Neues

Wasser, Wind und Dünen: Jütlands Westküste ist ein Badeparadies. Und noch viel mehr

Die Westküste ist die raue Seite Dänemarks, spröde und unzugänglich – könnte man meinen. Aber das trifft nur zu, wenn das Meer aufgepeitscht über die Strände rollt und an den Dünen frisst, die mehr oder weniger ungeschützt dieser Gewalt ausgeliefert sind. Jedes Jahr gehen zwar einige Meter verloren. Aber jedes Jahr kommen auch einige Meter hinzu, zum Beispiel auf Rømø oder Fanø. Ganz so einfach ist es eben nicht mit der angeblich so gnadenlosen Natur. Wenn die Sonne scheint, und sie scheint oft, dann sieht alles ganz anders aus: fast lieblich, sanft und freundlich. Strände, so weit das Auge reicht, kilometerlange Dünenketten, die in ihrer Großartigkeit manchmal an Mondlandschaften erinnern, eine unendlich scheinende Nordsee, die sich zweimal täglich zurückzieht, als wolle sie außer Sichtweite der Menschen Kraft tanken – das ist die eine Seite der Westküste. Charmante Städte und idyllische Dörfer, ein von Wiesen und Feldern durchzogenes Hinterland, verwunschene Landschaften unmittelbar hinter den Dünen – das

Der Leuchtturm von Hirtshals im äußersten Nordwesten Jütlands

Rømøs breiter Strand im Abendlicht

ist die andere. Es ist der Gegensatz dieser Landschaften, der den Charakter der Westküste bestimmt. Viel aufregender könnte es kaum sein.

ESBJERG

[126 A–B 2–3] Esbjerg (75 000 Ew.) ist die jüngste Stadt Dänemarks. Als nach 1864 Südjütland an Preußen fiel, brauchte Dänemark einen Hafen für den Handel mit der Welt. Die Wahl fiel auf Esbjerg, das zu der Zeit nicht mehr als ein unbedeutendes Fischerdorf war. Heute wird die Stadt von ihrem Hafen geradezu beherrscht. Esbjerg ist keine Schönheit, aber seit sich die Stadt 1997 Jørn Utzons Musikhaus leistete, hat sie sich immerhin als Kulturmetropole der Westküste etablieren können.

Reiter am Strand von Fanø

SEHENSWERTES

Hafenrundfahrt
Wo die Fähren nach Fanø ablegen, startet mehrmals täglich die Rundtour durch den wichtigsten Hafen Dänemarks.

Der Mensch am Meer
So hat der Bildhauer Svend Wiig Hansens seine 9 m hohe Skulptur genannt, die nördlich des Hafens auf einem Deich steht: vier Gestalten, die steif und starr auf das Meer blicken.

Musikhuset Esbjerg
Das Schmuckstück der Hafenstadt konnte erst nach größeren Protesten verwirklicht werden: Dabei ist der Entwurf lange nicht so revolutionär wie das Opernhaus von Sydney, die berühmte Austernschale, die ebenso wie das Musikhaus von dem Architekten Jörn Utzon (zusammen mit seinem Sohn) entworfen wurde. Das Musikhaus ist Konzertbühne, Treffpunkt, Wandelhalle und Kunstmuseum. Das Museum verfügt über eine sehr gute Sammlung von Arbeiten der Künstlergruppe Cobra. Vom 🔽 Restaurantdeck haben Sie einen schönen Blick auf den Hafen. *Havnegade 20, tgl. 10–16 Uhr*

Salzwasseraquarium
Gegenüber von Svend Wiig Hansens Skulptur liegt das Salzwasseraquarium mit einer komplett nachgebauten Mole, Fischerboote inklusive. Auf 14 000 m² wird schnell klar, wie hart der Alltag der Fischer war – wie hart er immer noch ist, macht ein Besuch im Fischereihafen deutlich. *Tgl. 10–17 Uhr, Eintritt 40 Kronen, www.fimus.dk*

Wasserturm
🔽 Einen besseren Überblick als vom Ausguck des Wasserturms kann man nicht haben. Eine Ausstellung präsentiert befreundete Wassertürme. *Juni–Mitte Sept. tgl. 10–16 Uhr, Eintritt 15 Kronen*

MUSEUM

Feuerschiff Horns Rev
Die »Kap Horn« ist das größte erhaltene Feuerschiff aus Holz, gebaut 1912. Lange Jahre tat es vor Esbjerg Dienst, jetzt liegt es vertäut im Fischereihafen. *Mai–Sept. Mo bis Fr 10–16 Uhr, Eintritt 20 Kronen*

ESSEN & TRINKEN

Favorittens Smørrebrød
Smørrebrøds von traditionell bis modern. Sehr gut ist das mit gebratenem Schollenfilet. *Kronprinsensgade 19, €*

Munkestuen

Kleines, feines und gemütliches Restaurant mit französisch angehauchter Küche: Hier gibt es z. B. Muscheln in Weißweinsauce, gedämpften Schellfisch und grillte Gambas. Hübscher Garten. *Smedegade, Tel. 75 18 17 44, €€*

Britannia

Das schmucklose Äußere des Gebäudes wird im Innern von einer gepflegten Sachlichkeit konterkariert. Die gute Küche des Hauses ist bekannt für ihre oft berühmt gewordenen Eleven. *79 Zi., Torvet, Tel. 75 13 01 11, Fax 75 45 20 85, www.britannia.dk, €€*

Hjerting

Liegt etwas außerhalb der Stadt Richtung Blåvand, direkt am Wasser. Ein gutes Restaurant ist ebenfalls vorhanden. *45 Zi., Strandpromenaden 1, Tel. 75 11 52 44, Fax 75 11 76 77, www.hotelhjerting.dk, €€€*

Turistkontor

Skolegade 33, Tel. 75 12 55 99, Fax 75 12 27 67, www.esbjerg-tourist.dk

Fanø [126 A3]

★ Fanø war einmal – neben Rømø – die Walfängerinsel Dänemarks. Heute kommen 250 000 Besucher pro Jahr auf die einzige Nordseeinsel, die ausschließlich per Fähre zu erreichen ist. Fanø, das ist vor allem 17 km langer, 500 m breiter Strand. Im Norden und im Süden muss wegen gefährlicher Strömungen vom Baden abgeraten werden, der Rest ist eitel Badelust. *Sønderho* im Süden mit seiner sehenswerten Seefahrerkirche ist auf dem Weg in die reine Idylle – ein Postkartendorf. Der *Sønderho Kro, 12 Zi., Kropladsen 11, Tel. 75 16 40 09, www.sonderhokro.dk, €€,* befindet sich seit 300 Jahren in Familienbesitz und atmet in vollen Zügen Seefahrerromantik. Die Deckenbal-

---

MARCO POLO Highlights
»Westjütland«

★ **Altstadt von Ribe**
Eine ganze Stadt als Denkmal (Seite 36)

★ **Blåvand, Vejers Strand, Henne Strand**
Stranderlebnis pur auf vielen Kilometern (Seite 31)

★ **Hvide Sande**
Jede Menge Fisch und jeden Tag Fischauktion (Seite 30)

★ **Nordsømuseet**
Die Attraktion im Fischerort Hirtshals: Museum, Aquarium, Ozeanium und mehr (Seite 33)

★ **Fanø**
17 km Sandstrand und jede Menge Maritimes auf der einstigen Insel der Walfänger (Seite 29)

ken stammen von einem gestrandeten Segler, der Wirt pflegt mit dem Ehrgeiz des Autodidakten seine Sammlung an Selbstgebrautem. Unbedingt probieren: *bakskud*, Plattfisch, erst geräuchert, dann getrocknet und vor dem Servieren in der Pfanne erwärmt. *Café Nana's Stue in Sønderho, Sønderland 1, €,* bietet neben Kaffee und Kuchen kleinere Gerichte: sehr familientauglich. *Vermietung von Fahrrädern in Nordby: Fanø Cykler, Hovedgaden 96, www.fanoecykler.dk*

Holstebro [122 B4]

Die Stadt (39 000 Ew.) ca. 100 km nördlich von Esbjerg ist keine Perle der Architektur, aber ohne Zweifel hat man hier etwas für die Kunst übrig. Holstebros *Kunstmuseum (Museumsvej 2, Di–So 11–17 Uhr, Eintritt 30 Kronen)* zeigt Kunst aus aller Welt mit Schwerpunkt Afrika und Mittelamerika, und im *Musikteatret (Sønderlandsgade 2)* tanzt die einzige Abteilung der königlichen Ballettschule außerhalb Kopenhagens neben dem sterbenden Schwan auch den Elvis, also Rock and Roll.

Spaß am Strand von Ringkøbing

Hvide Sande [122 A6]

⭐ 200 Fischerboote könnten darauf hindeuten, dass Hvide Sande (6500 Ew., 60 km nördlich von Esbjerg) nicht viel mehr ist als eine große Fischfabrik – aber nichts da. Hier wird aus Fisch Kultur gemacht. Ein Erlebnis ist die tägliche ==Fischauktion== in der Halle am südlichen Hafenkai jeden Morgen ab 5 Uhr. Es darf auch mitgesteigert werden, aber nur kistenweise. Das *Restaurant Fishhuset (Bredgade, Tel. 97 31 27 27, €€)* bietet gebratenen Aal und Steinbutt und auf Vorbestellung frische Austern. Im *Vestkystakvariet* (Westküstenaquarium) *nördlich der Brücke, April–Okt. tgl. 10–18 Uhr, Eintritt 40 Kronen,* dreht sich alles um die Fischerei.

Ringkøbing [122 A5]

Die kleine Stadt (17 000 Ew.) am Fjord, 70 km von Esbjerg entfernt, war einmal eine Hafenstadt – aber dann wanderte die Öffnung des Fjords nach Süden, und der Hafen wurde zum Binnenhafen. Die ehemalige *Fähre Sorte Louis (Tel. 97 32 06 66, www.sortelouis.dk)* fährt viermal täglich nach Hvide Sande hinüber. Am Hafen finden Sie auch das einzige *Chinarestaurant* Dänemarks, das nicht nur direkt am Wasser liegt, sondern auch Hotdogs und Softeis verkauft. Das *Hotel Ringkøbing* am Markt verkörpert die alteingesessene dänische Küchentradition mit Scholle und Hering *(16 Zi., Torvet 18, Tel. 97 32 00 11, Fax 97 32 18 72, €€)*, das *Restaurant Den Gamle Toldbod* am Hafen bietet frische, feine Edelküche mit Schwerpunkt auf Fisch *(Sommermenü ab 270 Kronen, Vester Strandsbjerg 1, Tel. 97 32 66 66, €€)*.

Insider Tipp

7 km nördlich von Ringkøbing warten die über 50 Attraktionen von *Sommerland West*: Gokarts, Speedboote, Reitpferde, Computerspiele usw. *Hee, Hovervej 56–58, Mitte Mai–August tgl. 10–17 Uhr, Eintritt 80 Kronen, Tel. 97 33 54 11, www.sommerlandwest.dk*

Strände

Wer auf den 80 km von *Nymindegab* bis *Thyborøn* keine Stelle findet, die ihm gefällt, der wird wohl auf ewig umherwandern müssen, bis ihn der Schlag trifft: eine der großartigsten Naturlandschaften an der Nordseeküste – zusammen mit den noch einmal 100 km Küste, die sich im Norden des Ringkøbing Fjords anschließen. ★ *Blåvand, Vejers Strand, Henne Strand*: das sind die Namen, die drei der schönsten Festlandstrände an der Westküste bezeichnen. Kilometerlang nichts als Dünen und Strand, selten weniger als 200 m breit. Bei Henne Strand erreichen die Dünen eine Höhe von 23 m. Blåvands Huk ist der westlichste Punkt Dänemarks, der 42,6 m hohe Leuchtturm wird nur noch von dem Skagens überragt. Etwas ganz Besonderes verbirgt sich im Flugsand: Bei *Kærgaard* (zwischen Henne und Vejers) liegt ein versandeter Eichenwald. Die Büsche, die an dieser Stelle aus dem Sand ragen, sind nichts anderes als die Kronen der Bäume – und immer noch voller Leben.

Varde Miniby/ Sommerland [126 B2]

Die Ministadt von Varde (12 000 Ew.) ist eine naturgetreue Kopie der Stadt, wie sie vor dem alles zerstörenden Brand 1821 ausgesehen hat. *Varde Sommerland, Gellerup*

Weite Dünenlandschaften sind typisch für die Westküste Jütlands

vej 49, Eintritt 60 Kronen, muntert wieder auf: Rutschbahnen, Oldtimer, Reiten, Klettergerüste. Eine Alternative könnten Segeltouren auf der idyllischen und ebenfalls ganz und gar ungefährlichen *Varde Å* sein. *Infos über Varde Turistbureau, Torvet 5, Tel. 75 22 32 22, www. varde-turist.dk. 20 km nördlich von Esbjerg*

MORS

[122 B–C 2–3] Der Limfjord ist das größte Binnengewässer des Landes. 17 000 km^2 Fläche, die Küstenlänge beträgt über 1000 km. Die Insel Mors im Limfjord war in den 1970er-Jahren so etwas wie das Paradies der alternativen Landszene. Mors ist lieblich, ein Eiland, das schon immer zum Rückzug von der lauten Welt verlockte. *Nykøbing Mors,* die Inselhauptstadt, besitzt einen kleinen Hafen.

Kühe finden hier saftiges Gras

SEHENSWERTES

Dueholm
1371 legte der Johanniterorden das Kloster an, dessen ursprüngliches Kerngebäude noch steht. *Dueholmgade 9, Mo–Fr 10–16, Sa/So 12 bis 16 Uhr, Eintritt 10 Kronen*

Jesperhus Blomsterpark
Im Park flattern tropische Vögel, außerdem leben hier Krokodile, Affen und Schlangen. Kinder können in diversen Bassins plantschen. *Legind Bjerge, Mitte Mai bis Mitte Sept. tgl. 10–18 (Sommer 10–20) Uhr, Eintritt 60 Kronen*

Hanklit
Insider Tipp

Im Norden der Insel ragen die Klippen von Hanklit 61 m hoch auf, eine beeindruckende geologische Sensation, gut zu erwandern und bestens ausgeschildert.

Høiris
Verwunschen geht es im Schloss von Højriis aus dem 15. Jh. zu. Hier wird in märchenhaften Szenen die Geschichte von Dornröschen erzählt. *Højriisvej 3, tgl. Mai/Juni und Aug./Sept. 10–17, Juli 10–19 Uhr, Eintritt 40 Kronen*

ESSEN & TRINKEN
ÜBERNACHTEN

Sallingsund Færgekro
Ein großes Gasthaus, dessen Landküche einen sehr guten Ruf genießt. Ausblick auf die Brücke über den Sallingsund. *38 Zi., Sallingsundvej 104, Tel. 97 72 00 88, Fax 97 72 25 40, €€*

ZIELE IN DER UMGEBUNG

Fur   [122–123 C–D 2]
Insider Tipp

Die 22 km² große Insel ist das Dorado der Fossiliensammler. *Fur Museum* zeigt versteinerte Tiere und Pflanzen, die sämtlich auf Fur gefunden wurden *(Nederby, Mitte Juni–Aug. tgl. 10–17, April–Mitte Juni und Sept./Okt. 13–16 Uhr, Eintritt 30 Kronen)*. Gefundene Versteinerungen müssen zur Begutachtung vorgelegt werden.

Hanstholm [122 C1]

Aus einem Fischerdorf wurde planmäßig Dänemarks größter Fischereihafen (82 000 Ew.). *Hanstholm Vildtreservat* nördlich der Stadt ist mit 6500 ha die größte geschützte Naturfläche Dänemarks. Das Zentrum des Schutzgebiets, in dem viele seltene Vögel brüten, ist für das Publikum das ganze Jahr über gesperrt. Das übrige Gelände darf von April bis Mitte Juli nicht betreten werden. *40 km von Nykøbing Mors*

Hirtshals [120 B2]

Der zweitgrößte Fischereihafen Dänemarks (7200 Ew.) im äußersten Norden böte nicht viel – wäre da nicht das ★ *Nordsømuseet*. Eine großartige Anlage, Salzwasseraquarium, Seehundbecken, Ozeanium und Gegenwartsmuseum. Im Aquarium tummelt sich beinah vollständig die Fauna der Nordsee, im großen Becken unter freiem Himmel vergnügen sich Seehunde *(Fütterung tgl. 11 und 15 Uhr). Villemosevej, tgl. Juni–Aug. 10–22, sonst 10–17 Uhr; Eintritt 40 Kronen, www.north-sea-museum.dk. 120 km von Nykøbing Mors*

Klitmøller [122 B1]

Der ehemalige Fischerort (350 Ew.) gilt als einer der besten 🏃 Surfplätze an der Nordseeküste. In regelmäßigen Abständen finden nationale und internationale Meisterschaften statt. *40 km von Nykøbing Mors*

Lemvig [122 B3]

Am schönsten ist es, wenn die Sonne am frühen Abend die wie eine Träne geformte Hafenbucht der Stadt (7600 Ew.) bescheint. Ganz aus Holz und edel liegt das *Restaurant Mathilde, Tel. 97 82 09 10, www.mathilde-restaurant.dk, €€,* am Ende des kleinen Piers. Vom Hafen aus gesehen linker Hand steht etwas versteckt an der wunderschönen Promenade das *Museum für Religiöse Kunst, Strandvejen 13, Mitte Mai bis Mitte Sept. Di–So 11–17 Uhr.* Ein architektonisch interessanter Bau, in dem religiös inspirierte Kunst aus Dänemark und Grönland gezeigt wird.

Insider Tipp

Løgstør [123 D2]

Løgstør (600 Ew., 50 km von Nykøbing Mors) ist ein Idyll. Am Ende eines Kanals steht das *Limfjordmu-*

Bier = Øl

Aber Bier ist nicht gleich Bier

Bier – und kein Ende. Es gibt zwar nur noch die großen Zwei, Tuborg und Carlsberg, aber beinah jedes Jahr versuchen sich die Konkurrenten mit einer neuen Gärung zu übertrumpfen. Am kräftigsten, also mit dem größten Anteil an Alkohol, ist das Stærkøl – bei bis zu 12 Prozent wird selbst der Stärkste sehr schnell schwach. Bier ist aber nicht einfach nur Bier. Traditionell werden zu Fisch- oder Fleischgerichten stärkere oder leichtere Biere serviert, ganz wie beim Wein. Deshalb kennen Dänen beim Bier auch keinen Spaß – aber das gibt sich im Lauf des Abends.

An den Stränden der Westküste sind Radfahrer kein ungewohntes Bild

seet, das im ehemaligen Wohn- und Amtshaus des Kanalvogts eingerichtet wurde. Hier kann man alles über Flora und Fauna und Heringsfang erfahren. *Kanalvejen 40, Mai bis Mitte Juni und Sept./Okt. Sa 14–17, So 10–17, Mitte Juni–Aug. tgl. 10–17 Uhr, Eintritt 30 Kronen, www.limfjordsmuseet.dk*

Løkken [120 A3]
Kein Hafen, aber immer noch Fischer, die ihre Boote wie eh und je auf den Strand ziehen, der zu den schönsten an der Jammerbucht gehört: der Sand ist weiß, fein und leuchtend wie Diamanten in der Sonne. Løkken (1300 Ew.) ist das Badeparadies dieser Küste, ein familienfreundlicher Ort. Zwischen Lønstrup und Løkken erstreckt sich auf einer Länge von beinah 5 km eine der beeindruckendsten Küstenlandschaften Dänemarks. Bei ☀ *Rubjerg Knude* erreichen die Dünen eine Höhe von 90 m – senkrecht

fällt die Küste zum Wasser hin ab. Das Gelände steht unter Naturschutz. Welche Kräfte hier wirken, lässt sich am Leuchtturm von Rubjerg ablesen, der bis 1968 betrieben wurde und heute bereits zur Hälfte im Flugsand verschwunden ist. *90 km von Nykøbing Mors*

Slettestrand [123 E1]
Ein sehr schöner Strand und eine ungewöhnlich dicht bewachsene Dünenlandschaft sind die Naturattraktionen des Badeorts (250 Ew). Das kulturelle Highlight wartet in Svinkløv, also gleich nebenan. Das *Svinkløv Badehotel, 36 Zi., Svinkløvvej 593, Mai–Sept., Tel. 98 21 70 02, Fax 98 21 70 38, €€,* wurde 1925 gebaut, es ist das letzte große Badehotel ganz aus Holz in Dänemark. Durch die Zimmer und das Restaurant mit seinen Panoramafenstern weht Sommerfrische pur. Die Küche versteht sich vorzüglich auf Fisch, ausgezeichnet

sind auch die Desserts und die Kuchen. *70 km von Nykøbing Mors*

Spøttrup [122 C3]
Wie eine Drohung ragen die Mauern der mittelalterlichen Burg von Spøttrup in den Himmel, von der feindlichen Umwelt durch einen Wassergraben geschützt. Spøttrup, 25 km von Nykøbing Mors entfernt, ist eine der wenigen beinah original erhaltenen Burgen aus dem Mittelalter. Der See, der einmal zur Burg gehörte, wurde erst vor wenigen Jahren wieder neu angelegt. Wahre Kleinode sind der Kräutergarten und der Park hinter dem Schloss, in dem man im milden Licht der Abendsonne Burgfräuleins wandeln zu sehen glaubt. Im *Restaurant Borgen* werden unkomplizierte kleine Gerichte und leckere Kuchen serviert. *Tgl. Mai–Aug. 10–18, Sept. 10–17, Okt. 11–17 Uhr; Eintritt 30 Kronen*

Thyborøn [122 A–B3]
Schon die Anfahrt nach Thyborøn, 35 km westlich von Nykøbing Mors an der Einfahrt zum Limfjord, zwingt die Hektik aus den Knochen: kilometerlang nichts als eine schmale Landzunge und Wasser, links wie rechts. Die neueste Attraktion ist *Kystcentret, Juni–Sept. tgl. 10–19 Uhr, Eintritt 75 Kronen, www.kystcentret.com,* ein rechteckiger, grüner Glasbau am Hafen, in dem unter anderem die Geschichte der Strandräuberei erzählt wird. Das Küstencenter veranstaltet auch *Gratisstrandtouren.*

Bunt geht es im und am *Sneglehuset,* dem Schneckenhaus, *Klitvej 9, April–Sept. tgl. 10–17 Uhr, Eintritt 10 Kronen,* zu: außen Schneckenhäuser, innen Schneckenhäuser, überall Schneckenhäuser; und dazu die größte Buddelschiffsammlung ganz Dänemarks. Tipp: die leckersten Fischfrikadellen weit und breit gibt es im *Fischkiosk* im rostroten Holzschuppen am Hafen.

RIBE

[126 B3] Ribe (18 000 Ew.) ist nicht nur die älteste Stadt ganz Skandinaviens, die Stadt an der Ribe Å ist auch eine der am besten erhaltenen Städte Skandinaviens. Seit dem letzten großen Stadtbrand von 1580 hat sich die Bausubstanz im Wesentlichen erhalten. Seit 1960 darf an den 100 denkmalgeschützten Häusern der Altstadt ohne behördliche Genehmigung nichts mehr verändert werden.

Über den Dächern von Ribe

Natürlich und vor allem: die ★ *Altstadt von Ribe.* Aber auch der Hafen besitzt Ausstrahlung. Ribe war eines der ersten Zentren des Christentums in Dänemark. Der *Dom,* der auf das Jahr 1117 zurückgeht, spiegelt viel von der Kampfhaltung der damaligen Gläubigen wieder, die harte und entbehrungsreiche Pionierarbeit leisten mussten. Von dem 50 m hohen 🔽 *Kirchturm* haben Sie einen weiten Blick zum Wattenmeer *(Mai und Sept. Mo–Sa 10–17, So 12–17, Juni–Aug. Mo–Sa 10–18, So 12–18 Uhr).*

Rathaus

Bis 1966 tagte in Dänemarks ältestem Rathaus (1496) die Ratsversammlung – viel Geschichte und Atmosphäre also. Der schön verzierte *Ratssaal* kann ebenso besichtigt werden wie ein kleines *Museum,* das eine martialische Sammlung beherbergt: Morgensterne, Stahlkugeln mit Eisenspitzen und das Schwert des Henkers. *Von Støckens Plads, Mai und Sept. Mo–Fr 13–15, Juni–Aug. tgl. 13–15 Uhr, Eintritt 20 Kronen*

Insider Tipp Wattenmeerzentrum

Auf dem Weg von Ribe zur Insel Mandø liegt diese zwar nur 600 m² große, aber hochinteressante Anlage, in der das Wattenmeer und seine Besonderheiten auf engstem Raum spielerisch und lehrreich vorgestellt werden. *Okholmvej 5, Vester Vedsted, tgl. Febr.–April 10–15, Mai–Nov. 10–17 Uhr*

Ribe Wikingercenter

3 km südlich von Ribe wurde eine der bedeutendsten Wikingerburgen Jütlands rekonstruiert. Es wird wie zu Thors Zeiten Handel getrieben, man kann den Wikingern bei ihrer Arbeit zusehen und erfährt, wie sie wohnten. *Lustrupvej 4, Juni–Aug. Di–So 11–16 Uhr*

Ribe Kunstmuseum

Kunst aus dem goldenen Zeitalter der dänischen Malerei, der ersten Hälfte des 19. Jhs.: Arbeiten von Jens Juel, Michael und Anna Ancher, L. A. Ring und Christen Köbke, alles bedeutende Künstler ihrer Zeit. *Mitte Juni–Ende Aug. tgl. 11–17, Sept.–Mitte Juni Di–Sa 13 bis 16, So 11–16 Uhr, Eintritt 30 Kronen, Sct. Nicolaigade 10*

Ribe Spielzeugmuseum

Auf zwei Stockwerken sind einige Tausend Objekte aus der Zeit von 1860 bis 1980 zu sehen: ein Sammelsurium. *Von Støckens Plads 2, Mai–Aug. tgl. 10–12 und 13–17, Sept.–April So–Do 13–17 Uhr, Eintritt 15 Kronen*

Ribes Wikinger

An der Stelle, wo die Stadt Ribe 705 gegründet wurde, liegt heute das Heimatmuseum mit Schwerpunkt Wikinger. Auf 2500 m² finden sich allerlei Gegenstände aus dem Alltag der wilden Krieger. *Odins Plads, April–Juni tgl. 10–16, Juli/Aug. tgl. 10–18, Sept./Okt. tgl. 10–16, Nov.–März Di–So 10–16 Uhr, Eintritt 30 Kronen*

Restaurant Dagmar

Das Traditionshaus im – natürlich – ältesten Hotel Dänemarks aus dem

Jahr 1581. Anspruchsvolle, französisch orientierte Küche, abwechlungsreich und manchmal sogar originell. Sehr gute Weinkarte, perfekter Service. Volkstümlich geht es im mittelalterlichen *Vægterkælderen* zu, der ebenfalls zum Hotel gehört. *Torvet 1, Tel. 75 42 00 33, €€*

Kammerslusen

Die Küche des Kammerslusen versteht sich auf Fisch. Scholle, eingelegte Heringe *(sild)* oder auch Muscheln: alles gut und schön. Pommes für die Kinder. *Bjerrumvej 30, westlich von Ribe an der Kammerschleuse, Tel. 75 42 07 96, €*

Sælhunden

Etwas abseits der Fußgängerzone, aber sehr hübsch direkt am Hafen gelegen. *Smørrebrød,* Scholle und *bøf,* schöner Garten. *Skibbroen 13, Tel. 75 42 09 46, €*

Weiss Stue

Einfache Gerichte wie gebratene Scholle oder Schnitzel mit Pommes

frites werden vor dem Fachwerkhaus serviert, dessen Inneres mit einer ungemein gemütlichen Atmosphäre überzeugt. Im Sommer sollten Sie unbedingt versuchen, einen Platz im Garten zu bekommen – und dort den hausgemachten Kuchen probieren. *Torvet 2, €*

Hotel Dagmar

Modernität und Plüsch gehen hier Hand in Hand. Etwas viktorianische Gemütlichkeit, etwas skandinavische Kantigkeit – fertig ist der Dagmarstil. Einmalig ist die Aussicht auf den Markt. *50 Zi., Torvet 1, Tel. 75 42 00 33, Fax 75 42 36 52, www.hoteldagmar.dk, €€€*

Den Gamle Arrest

Einfacher Komfort in einem ehemaligen Gefängnis. Einige Zimmer wurden in Zellen untergebracht – man muss das Besondere mögen. *13 Zi., Torvet 11, Tel. 75 42 37 00, Fax 75 42 37 22, €*

FKK

Über den dänischen Umgang mit der Freikörperkultur

Das Nacktbaden ist ein wenig aus der Mode gekommen, auch wenn es immer noch viele Anhänger hat. Generell gilt: Dänen baden vielleicht nackt, aber danach verhüllen sie in aller Regel ihre Nacktheit wieder. Es darf eigentlich überall nackt gebadet werden. Aber wie die Dänen nun einmal sind, eine Ideologie wollen sie auch aus dem Freikörperkult nicht machen. Es gilt auch hier: Zurschaustellen sortiert unter schlechtem Geschmack, Zurückhaltung unter Höflichkeit. Und die ist immer gern gesehen. Es gibt sieben FKK-Plätze, die von dänischen Vereinen unterhalten werden, Informationen unter *www.home8.inet.tele.dk/dnu.*

RIBE

Ribe Turistinformation
*Torvet 3, Tel. 75 42 15 00, Fax
75 42 40 78, www.ribetourist.dk.*
Jeden Tag im Sommer finden ge-
führte Stadtwanderungen statt.
Ebenfalls nur im Sommer macht ein
Nachtwächter um 20 und um 22
Uhr seine Runde. Der *Ribe Pas* er-
möglicht verbilligten Eintritt in Mu-
seen und Preisnachlass in einigen
Restaurants und Geschäften.

ZIELE IN DER UMGEBUNG

Hjemsted Oldtidspark [126 B4]
Dänemarks größte Ausgrabungs-
stelle der Eisenzeit, 15 km südlich
von Ribe, ist gleichzeitig Museum
und Aktivitätszentrum. Das Museum wurde unterirdisch angelegt,
es geht vorbei an Urnengräbern, die
an Ort und Stelle belassen wurden.
Im Sommer wohnen auf dem 13 ha
großen Gelände Freiwillige in Ei-
senzeitunterkünften, es wird mit
dem Bogen geschossen und in aus-
gehöhlten Baumstämmen gepad-
delt. *März–Juni und Sept.–Dez.
Di–Sa 10–14, Juli/Aug. tgl. 10 bis
17.30 Uhr, Eintritt 40 Kronen,
www.hjemsted.dk*

Løgumkloster [126 C5]
Es waren Zisterziensermönche, die
1173 20 km südlich von Ribe ein
Kloster bauten. Heute sind von der
ursprünglich vierflügeligen Anlage
nur noch der Südflügel und die
Klosterkirche erhalten. Nordeuropas größtes Glockenspiel ist mehr-
mals täglich zu hören. Wer dem
Lärm entkommen will, der kann
sich in das *Løgumkloster Refugium*
retten und an täglichen Aktivitäten
wie dem gemeinsamen Singen teil-

nehmen. Es werden *45 Zimmer vermietet, Tel. 74 74 33 01, €*

Mandø [126 B3–4]
Mandø wäre eigentlich nicht mehr
als eine 8 km² große Insel, auf der
75 Menschen leben – wenn, ja
wenn Mandø nicht mitten im Wattenmeer läge. Allein die Anreise ist
schon ein Abenteuer. Der Damm,
der die Insel mit dem Festland verbindet, wird zweimal täglich von
der Flut überspült – wer mit dem
eigenen Auto die Überfahrt ver-
sucht, muss also aufpassen. Sicherer ist es zu Fuß, mit dem Fahrrad
oder mit dem *Mandøbus*, einem
Trecker mit angehängtem Perso-
nenwagen, der immer dann fährt,
wenn es die Tide zulässt *(Mai bis
Sept., Tel. 75 44 51 07)*. Man kann
auf einem Campingplatz zelten
oder im *Mandø Kro* übernachten
*(7 Zi., Mandø Byvej 26, Tel.
75 44 60 83, €)*. Im Kro unbedingt
Lamm probieren. Die Tiere wachsen auf den Salzwiesen der Insel auf
– und schmecken entsprechend.

Rømø [126 A–B4]
Seit 1948 ist die Insel über einen
9,2 km langen Damm mit dem
Festland verbunden. Der bis zu
500 m breite Sandstrand darf mit
dem Auto befahren werden. Wie
Fanø, aber im Gegensatz zu Sylt
wächst Rømø – den Strömungsver-
hältnissen sei Dank. Rømø war vor
150 Jahren ein Zentrum der Wal-
fängerei – beeindruckend zeigt dies
der *Kommandørgaard*, ein ehemali-
ges Kapitänshaus *(Juvrevej 60, Tof-
tum, tgl. Mai–Sept. 10–18, Okt. 10
bis 15 Uhr, Eintritt 15 Kronen)*.
   Immer wieder sind in den letzten Jahren Wale auf Rømø gestran-
det. Im *Tønnisgaard Naturcenter*

Hier ist das Heimatmuseum von Rømø untergebracht

Juni–Mitte Aug. tgl. 10.30–22 Uhr, Eintritt 60 Kronen).

Tønder [126 B5]

Tønder oder Tondern (8200 Ew., 50 km südlich von Ribe), wie die Stadt auf Deutsch heißt, lag noch vor 350 Jahren am Meer. Dann versandete der Hafen. Wie reich die Marschmetropole einmal war, zeigen die gepflegten historischen Backsteinhäuser mit ihren prächtigen Giebeln. Eines der schönsten Gebäude steht mit der ehemaligen Apotheke am Markt, heute im Souvenirladen, in dessen Keller sich ein kleines, aber feines Apothekenmuseum befindet. Das *Tønder Museum, Kongevej 55, Juni–Aug. Di bis So 10–17, Sept.–Mai Di–So 13 bis 17 Uhr, Eintritt 20 Kronen,* verfügt über eine umfangreiche und interessante Sammlung mit Alltagsgegenständen aus der Blütezeit der Stadt, als 12 000 Klöpplerinnen Spitzen für ganz Europa herstellten.

5 km entfernt erstreckt sich in *Møgeltønder* Dänemarks angeblich schönste Dorfstraße. Am Ende des Dorfs liegt *Schackenborg Slot.* 1978 ging das Schloss in den Besitz von Kronprinz Joachim über, der hier seit seiner Hochzeit 1993 mit seiner Frau lebt. 13 Mio. Kronen spendeten die königstreuen Dänen, damit ihr armer Prinz sein Schloss renovieren könne. Der Park kann besichtigt werden, das Schloss nicht. Der *Schackenborg Slotskro, 12 Zi., Slotsgaden 42, Tel. 74 73 83 83, Fax 74 73 83 11, www.schackenborg.dk, €€€,* zählt zur gehobenen Klasse: sehr schön gelegen, beinah luxuriös eingerichtete Zimmer und ein sehr gutes Restaurant mit einer historisch sehr dichten Atmosphäre.

(*Havnebyvej 30, April–Okt. tgl. 10–16 Uhr*) hat man die konservierten Überreste ausgestellt. Außerdem werden hier Touren ins Wattenmeer, Krabbenfangtouren oder Ausflüge mit Pferdewagen organisiert und Kurse zum Drachenbau angeboten.

Komfortabel wohnen können Sie im *Hotel Kommandørgaarden, 80 Zi., Havnebyvej 201, Mølby, Tel. 74 75 51 22, Fax 74 75 59 22, www.kommandoergaarden.dk, €€,* mit Swimmingpool und Barlandschaft. Und wer vom Strand und seinen lieben Kleinen die Nase voll hat, der kann sie im *Rømø Sommer- und Badeland* diversen Freizeitangeboten und ausgebildeten Fachkräften überlassen (*Borrebjergvej,*

Balsam für die Seele

Rau und unzugänglich zeigt sich der Westen Jütlands, milde und offen gibt sich der Osten

Der Westen war schon immer arm – der Osten ist seit jeher reich. Die großen Städte Aalborg, Aarhus, Kolding, die Häfen, von denen das Land aus Handel treibt und die Weltmeere befährt, das alles liegt im Osten, gut geschützt vor den Launen einer unberechenbaren Natur. Der Osten, das ist Macht, Kultur, Lebensart und große Politik. Der Osten ist lieblich, beinahe zart. Es hat etwas ungemein Beruhigendes, fast endlos durch Städte und Dörfer zu fahren, denen man ansieht, dass sie in den letzten 300 Jahren weder Krieg noch Zerstörung erlebt haben. Es führt nun einmal kein Weg daran vorbei: Harmonie tut gut. Selbst wenn sie einmal nicht perfekt sein sollte. Schließlich ist Dänemark kein Märchenland – wenn es auch oft so aussieht.

AALBORG

[123 F1–2] Ein Schnaps hat Aalborg (150 000 Ew.) weltberühmt gemacht: der Aquavit. So mild und bekömmlich wie dieser gibt sich

Gaudí in Dänemark? – Nein, nur eine Spiegelung des Aalborger Doms in einer nahen Glasfassade

auch die Stadt: Eine derart übersichtlich-gemütliche Vergnügungsmeile wie die Jomfru-Ane-Gade hat keine andere Stadt Dänemarks.

SEHENSWERTES

Jens Bangs Stenhus
Das Gebäude aus dem Jahr 1624 ist mit fünf Etagen das größte Bürgerhaus der Renaissance in Skandinavien. Das Besondere: Es ist ganz aus Stein gebaut und nicht, wie zu dieser Zeit üblich, aus Fachwerk. *Østergade 9*

Zoo
Der Tierpark von Aalborg ist mit 800 Tierarten der zweitgrößte Zoo des Nordens. *Mølleparkvej 63, tgl. Jan.–März und Nov./Dez. 10–14, April und Sept./Okt. 10–16, Mai bis Ende Aug. 9–18 Uhr; Eintritt 40 Kronen, www.aalborg-zoo.dk*

Insider Tipp

MUSEEN

Marinemuseum
Die Geschichte des Hafens wird dokumentiert, außerdem sind eine Reihe von Marinebooten zu sehen. *Vestre Fjordvej 81, tgl. Mai–Aug. 10–18, Jan.–April und Sept.–Dez. 10–16 Uhr; Eintritt 30 Kronen*

Nordjyllands Kunstmuseum

Hochklassige Sammlung mit Arbeiten von Künstlern der klassischen Moderne wie Pablo Picasso, Fernand Léger, Asger Jorn oder Victor Vasarely. Das Museum ist ein Gemeinschaftswerk der Architekten Elissa und Alvar Aalto und Jean-Jacques Barüel. *Kong Christians Alle 50, Juli/Aug. tgl., sonst Di–So 10–17 Uhr, Eintritt 40 Kronen, www.nordjyllandskunstmuseum.dk*

ESSEN & TRINKEN

Duus Vinkjælder

Hier geht es so volkstümlich zu wie in einer Tiroler Weinstube. Jeden Sonnabend großes Frokostbuffet. *Østergade 9, Tel. 98 12 50 56, €*

Prinses Juliana

Sehr gutes Fischrestaurant in einem ehemals holländischen Schulschiff mitten in der Stadt. *Limfjordbroen, Tel. 98 11 55 66, €€*

Restaurant Provence

Gehobene Küche in Art-nouveau-Umgebung, vor allem Fisch und Meeresfrüchte. Nach dem Dinner kann getanzt werden. *Ved Stranden 11, Tel. 98 13 51 33, www.restaurant-provence.dk, €€*

EINKAUFEN

Glaspusteriet

Lene Højlund kann beim Herstellen von Glas über die Schulter gesehen werden. *Nørregade 6*

ÜBERNACHTEN

Hotel Krogen

Einfache Zimmer in einem englisch anmutenden Herrenhaus. Reichhaltiges Frühstück. *12 Zi., Skibstedvej 4, Tel. 98 12 17 05, Fax 98 12 86 56, www.krogen.dk, €€*

Store Restrup Herregard

In der Umgebung, 10 km westlich von Aalborg in Nibe am Limfjord gelegen. Herrschaftliche Zimmer in herrlicher Umgebung. *48 Zi., Restrup Kærvej 10, Tel. 98 34 18 88, Fax 98 34 10 43, www.royal-classic.dk, €€€*

Vandrerhjem & Hytteø

Etwas außerhalb; neben einfachen Zimmern gibt es kleine Hütten, die auf einer künstlichen Insel stehen. *Skydebanevej 50, Tel. 98 11 60 44, Fax 98 12 47 11, Mitte Jan.–Mitte Dez., Hütten Mitte März–Okt., Sept.–Mitte Mai Reservierung erforderlich, €*

AM ABEND

Die Straße der Straßen: die ★ ☆ *Jomfru Ane Gade.* Hier liegen Nachtclubs neben Pizzerien, Straßencafés neben Nobelrestaurants. Aber es geht auch anderswo rund: Im *Café 1000 Fryd, Kattesundet 10, www.1000fryd.dk,* trifft sich die alternative Musikszene, im *Skråen, Strandvejen 19, www.skraaen.dk,* treten internationale Stars und nationale Sternchen auf, und das *Huset, Hasserigade 10,* widmet sich ganz Jazz und Folk.

AUSKUNFT

Aalborg Turist

Østeragade 8, Tel 98 12 60 22. Fax 98 16 69 22, www. visitaalborg. com. Hier werden auch Stadtführungen in deutscher Sprache angeboten.

MARCO POLO Highlights
»Ostjütland«

★ **Jomfru Ane Gade**
Die vielleicht berühmteste
Kneipenstraße Dänemarks
liegt in Aalborg:
Viel Spaß beim Bummeln!
(Seite 42)

★ **Kunstmuseum Trapholt**
Eines der schönsten Museen
Dänemarks (Seite 51)

★ **Den Gamle By**
Einmaliges Ensemble his-
torischer Häuser (Seite 45)

ZIELE IN DER UMGEBUNG

Insider PP
Adlerreservat Tuen [120 B2]
Fisch- und Königsadler in freiem
Flug – und das im Landzipfel zwi-
schen den Meeren. Zweimal am
Tag finden Flugvorführungen statt.
*Skagensvej 107, Vorführungen im
Sommer tgl. 10 und 17 Uhr, Eintritt
40 Kronen, www.eagleworld.dk.
60 km nördlich von Aalborg*

Clausholm [123 F5]
Eines der am besten bewahrten
Herrenhäuser des Barock. *Juli tgl,
Juni und Aug. Sa/So 11–16 Uhr,
Eintritt 30 Kronen, www.claus
holm.dk. 70 km südlich von Aal-
borg*

Fyrkat [123 E3]
Wenige Kilometer außerhalb der
Stadt Hobro, 45 km südlich von
Aalborg, wurde in den 1950er-Jah-
ren die *Wikingerburg Fyrkat* ausgegraben. Angelegt hat sie um 980
Harald Blauzahn. Inzwischen wurden nicht nur die Wallanlagen rekonstruiert, sondern auch ein Haus
der Burg und neun andere Gebäude
aus Wikingerzeiten nachgebaut. Jeden Sommer finden Wikingerspiele
statt. *Fyrkatvej 37 b und 45, Ostern–Herbst tgl. 10–17 Uhr, Eintritt
40 Kronen, www.himmerland.dk/
vikingecenter*

Læsø [121 D3–4]
Die kleinste Kommune Dänemarks
und die größte Insel im Kattegat ist
von Frederikshavn mit der Fähre in
90 Minuten zu erreichen. Læsø
war über Jahrhunderte die Salzinsel
Dänemarks. Eine *Salzsiederei* arbei-
tet noch heute *(Hornfiskrønvej 1,
im Sommer tgl., Eintritt 30 Kronen).* Eine Besonderheit sind die
mangels Alternativen mit getrock-
netem Seetang gedeckten Dächer
einiger Fischerkaten. Gemütliche
Zimmer vermietet die *Pension
Strandgaarden (20 Zi., Strandvejen
8, Vesterø, Tel. 98 49 90 35, Fax
98 49 97 99, €)*, das *Hotel Nygaard*
bietet neben komfortablen Zimmern ein sehr gutes Restaurant *(18
Zi., Østerbyvej 4, Tel. 98 49 16 66,
Fax 98 49 16 68, €€).*

Insider Tipp
Randers Regnskov [123 F4]
Die Attraktion von Randers – neben
der ältesten Holzfähre Dänemarks –
ist Randers Regnskov, der Regenwald von Randers, der einzige tropische Regenwald Dänemarks. Hier
tummeln sich Krokodile und giftige
Schlangen, fliegen tropische Vogelarten, vergnügen sich die frechsten

Affen. *Tørvebryggen 11, tgl. 10–17 Uhr, Eintritt 60 Kronen, www.randers-regnskov.dk*

Skagen [120 C1]

Skagen – das klingt. Nach Meer, nach wilder Natur, nach Fisch und – nach Kunst. Künstler aus Kopenhagen haben die Faszination des Fischerorts (13 000 Ew.) entdeckt. Es war das ganz besondere Licht, das sie begeisterte. Und die armen Fischer, deren bitterhartes Leben sie idealisieren konnten, weil es ihnen selbst so viel besser ging. Skagen wurde erst Künstlerkolonie, dann Badeort. Aber Vorsicht: Die Strömungen bei *Grenen*, der äußersten Landspitze, sind mörderisch.

Brøndums Hotel, 47 Zi., Anchersvej 3, Tel. 98 44 15 55, Fax 98 45 15 20, €€, ist das Traditionshaus, immer noch voller Stil und Haltung. Hier quartierte sich der Maler Michael Ancher ein, als er nach Skagen kam. Vier Jahre später heiratete er die Tochter des Hauses, Anna Brøndum. Auch sie wurde eine berühmte Malerin. Ihrer beider *Wohnhaus* ist eine Künstleridylle *(Markvej 2–4, April–Okt. tgl. 10–18 Uhr, Eintritt 30 Kronen).* Die Welt der Skagenmaler wird in *Skagens Museum* lebendig, das über viele Hauptwerke der Krøyers und Anchers verfügt *(Brøndumsvej 4, Apr.–Okt tgl. 10–17 Uhr, Eintritt 30 Kronen).* Den letzten Rest der guten alten Zeit repräsentiert *Ruths Hotel* im Ortsteil Gammel Skagen, das älteste aller Badehotels *(38 Zi., Hans Ruthsvej 1, Tel. 98 44 11 24, Fax 98 45 08 75, www.ruths-hotel. dk, €€€)* – ein Ort der Stille in der Hölle des Massentourismus. Immer wieder eine gute Adresse für Fischliebhaber ist *Bodilles Kro.* Sehr gut das Fischbuffet am Samstag *(Strandvej 11, Tel. 98 44 33 00, €€).* 10 km südlich von Skagen bewegt sich unaufhaltsam die größte Wanderdüne Dänemarks Richtung Westen, *Råbjerg Mile:* bis zu 15 m hoch – und bisher von keines Menschen Hand zu stoppen. *100 km von Aalborg*

Insi Tip

In Grenen prallen Nord- und Ostsee aufeinander – man stellt sich das irgendwie dramatischer vor

Der Wikingerfriedhof Lindholm Høje

Wikingerfriedhof
Lindholm Høje   [120 A4]

Keine 10 km westlich von Aalborg
liegt einer der größten bekannten
Wikingerfriedhöfe Skandinaviens.
200 der insgesamt 682 Gräber sind
Schiffsetzungen, Gräber in Schiffs-
form. In der letzten Juniwoche erwachen die Wikinger bei den jähr-
lichen 🏃 Wikingerspielen zu neu-
em Leben. *Nørresundby, Vendilavej
11, tgl. April–Nov. 10–17, Dez. bis
März 10–16 Uhr, Eintritt 20 Kronen*

AARHUS

[123 F5–6] Mit 255 000 Einwohnern ist Aarhus die zweitgrößte
Stadt Dänemarks. Eine junge Stadt,
voller Elan und Kultur. Aarhus ist
berühmt für sein Theater. Oper, Bal-
lett und Symphonieorchester genießen internationalen Ruf, das Nacht-
leben ist legendär. Höhepunkt ist
die jährliche Festwoche, während

der die Stadt auf einer Welle der
Fröhlichkeit zu reiten scheint.

SEHENSWERTES

Den Gamle By

★ Die alte Stadt ist wirklich eine
alte Stadt – auch wenn es sie in dieser Form nie gegeben hat. 1914
wurde das Freilichtmuseum eröffnet, 75 historisch wertvolle Häuser
aus 20 Städten und Dörfern ver-
pflanzte man hierher, das älteste
stammt aus dem 17. Jh. *Viborgvej,
tgl. April/Mai und Sept./Okt. 10
bis 17, Juni–Aug. 9–18 Uhr, Eintritt
40 Kronen, www.dengamleby.dk*

MUSEEN

Feuerwehrmuseum

92 Feuerwehrautos und Ausrüstungsgegenstände aus den letzten
200 Jahren. In regelmäßigen Abständen rückt das Personal mit einem der Fahrzeuge aus. Gäste sind

willkommen. *Tomsagervej 25, April bis Okt. tgl. 10–17, Nov.–März Di bis So 10–16 Uhr, Eintritt 30 Kronen, www.aarhus-tourist.dk/brand*

Kunstmuseum

Ausgezeichnete Sammlung dänischer Kunst von 1750 bis heute. *Høegh Guldbergs Gade 2, tgl. 10 bis 17 (Mi bis 20) Uhr, Eintritt 30 Kronen, www.aarhuskunstmuseum.dk*

ESSEN & TRINKEN

Carlton

Edler Jazztempel aus Glas und Marmor mitten im Szeneviertel, gleichzeitig Café und Bar. *Rosensgade 23, Tel. 86 20 21 22, €€*

Drudenfuß

Hier nehmen die Jungen und Ernährungsbewussten ökologische Cornflakes und indische Pfannkuchen zu sich. *Graven 30, €*

Ethnica

Klein, eng, im Souterrain. Ausgezeichnete Fischsuppe, Kaninchen in Senfsauce, Fisch des Tages – wer will, darf seinen Lieblingswein von zu Hause mitbringen. *Rosenkrantzgade 8, Tel. 86 13 44 15, €*

Prins Ferdinand

Eines der besten Restaurants der Stadt: exquisite Fischgerichte und ausgezeichnete Steaks, auch eine sehr gute Weinkarte. *Viborgvej 2, Tel. 86 12 52 05, €€€*

EINKAUFEN

Charlotte Sparre

Seidentücher, Lederwaren, Anzüge und Festkleider, skandinavisch klar und ausgesprochen farbenfroh.

Immervad 1, Lille Torv, www.charlottesparre.com

Galleriværkstedet

Glas, Keramik und Malerei auf mehreren Etagen. *Studsgade 44, www.habsoe.dk*

ÜBERNACHTEN

Aarhus City Sleep-In

Einfachste Zimmer für alle, die nicht mehr brauchen als ein Dach über dem Kopf. *Havnegade 20, Tel. 86 19 20 55, €*

Guldsmeden

Kleineres, gemütliches Hotel mit familiärer Atmosphäre in der Altstadt. Die Zimmer sind mit Teakholzmöbeln im französischen Kolonialstil ausgestattet, das (ökologische) Frühstück wird auf handbemaltem Porzellan serviert. *14 Zi., Guldsmedgade 40, Tel. 86 13 45 50, Fax 86 13 76 76, €€*

Marselis

Luxushotel in bester Lage und mit allem Komfort. Sehr gutes, eher traditionelles Restaurant. *101 Zi., Strandvejen 25, Tel. 86 14 44 11, Fax 86 11 70 46, www.marselis.dk, €€€*

FREIZEIT & SPORT

Tivoli Friheden

Traditioneller Vergnügungspark mit Rutschbahnen und Karussels. Sehr schön angelegter Blumenpark. Regelmäßig Freiluftkonzerte auf offener Bühne. *Skovbrynet, tgl. Mitte Juni–Mitte Aug. 12–23, Mai–Mitte Juni und 2. Augusthälfte 12–22 Uhr, Eintritt 40 Kronen, www.tivolifriheden.dk*

Das Viertel Rosensgade, Volden, Pusterring und Badstuegade ist das Zentrum aller abendlichen Vergnügungen. Man sitzt vor Brunnen oder lauscht der Livemusik, die an beinah jeder Ecke gespielt wird.

Jazzbar Bent J

🏃 Livemusik, Cocktails, Bier und schöne Frauen – schöne Männer eher seltener. *Nørre Alle 66*

Musikhuset Aarhus

Der Musiktempel von Aarhus: alle Arten von Musik, von Folk bis Klassik. *Thomas Jensens Alle, www.musikhusetaarhus.dk*

Tourist Aarhus

Radhuset, Park Alle, Tel. 86 12 16 00, Fax 86 12 95 90, www.aarhustourist.dk. Hier kann der *Aarhus Pas* erworben werden, mit dem man bei allen Museen und sonstigen Sehenswürdigkeiten freien Eintritt hat, in der Nordhavnsgade gratis parken und die öffentlichen Verkehrsmittel benutzen darf.

Anholt   [125 D1]

Die 22 km² große Insel (170 Ew.) besteht zu 75 Prozent aus Sand: Anholt ist die größte natürliche Wüste Nordeuropas. Es gibt sehr schöne Sandstrände: *Vesterklit* im Westen, *Nordstrand* im Norden, *Pakhusbugt* im Süden. Die Fähre von Grenaa braucht knapp drei Stunden. Die Pension *Degnens Hus* bietet einfache Zimmer *(Østervej 16, Tel. 86 31 92 45, €)*, das *Anholt*

Museum überrascht mit einer stimmungsvollen Ausstellung zur Inselgeschichte *(Ende Juni–Mitte Aug. Mo–Fr 10–12 und 16–18, Sa/So 16–18 Uhr, Eintritt 10 Kronen).*

Djurs Sommerland   [124 A2]

Einer der größten Vergnügungsparks Jütlands. *Nimtofte, Randersvej 17, Mitte Mai–Ende Aug. tgl. 10–20 Uhr, Eintritt 60 Kronen, www.djurssommerland.dk.* 40 km von Aarhus

Ebeltoft   [124 A3]

Die 700 Jahre alte Hafenstadt (4200 Ew.) 40 km östlich von Aarhus ist so bewahrt worden, dass jedem Romantiker das Herz übergeht. Berühmt (und gefürchtet) ist die Hauptstraße, der man ihr erschütterndes Pflaster gelassen hat. In Ebeltoft steht das kleinste Rathaus Dänemarks. Viel Atmosphäre und ausgezeichnete Fischgerichte bietet das *Restaurant Havmagen im Fischereihafen (Tel. 86 34 66 86, €€).* Das Luxushotel weit und breit ist *Molskroen:* ein Restaurant, beinah so lang wie ein Fußballfeld, freie Sicht auf die Bucht von Ebeltoft, Eleganz und Noblesse, dazu eine erstklassige Küche – und natürlich perfekter Service. *18 Zi., Femmøller Strand, Hovedgaden 16, Tel. 86 36 22 00, Fax 86 36 23 00, www.molskroen.dk, €€€*

Grenaa   [124 B2]

Südlich des Hafens liegt ein schöner Strand, aber die Attraktion ist das *Kattegatcentret.* Hier schwimmen Haie in einem Becken, das der Besucher in einem Tunnel von unten bestaunen kann. In mehreren Aquarien ist das Wasser so flach, dass Rochen, Schollen und Krebse berührt werden können. *Færgevej 4, tgl. Juni und Aug. 10–18, Juli 9–19, sonst Di–So 10–16 oder 17 Uhr, Eintritt 85 Kronen, www.katte gatcentret.com. 50 km von Aarhus*

Insider Tipp

8 km nördlich von Grenaa liegt das *Kloster Sostrup Slot.* Das Hauptgebäude stammt aus dem 16. Jh. Nach einigen Turbulenzen übernahmen 1960 Zisterziensernonnen die Anlage. Sie vermieten Zimmer und Apartments, im Sommer finden Konzerte mit Barockmusik statt – ein Ort der Einkehr. *Bei Gjerrild, 28 Zi., Maria Hjerte Engen, Tel. 86 38 41 11, Fax 86 38 42 06, €€*

Samsø   [124 A4–5]

Die 28 km lange und 7–8 km breite Insel (4400 Ew.) ist eine Welt für sich – im Norden bei *Issehoved* rau, überwältigend und ein bisschen unzugänglich, im Süden beinah lieblich. *Nordby* hat seinen Charakter als Reetdachidylle vollständig bewahrt. Im *Restaurant Ved Kæret* werden nahezu ausschließlich Grundprodukte von Samsø verarbeitet; gekocht wird knapp unterhalb der Gourmetgrenze *(7 Zi., Svedskegyden 2, Tel. 86 59 61 22, Fax 86 59 61 92, €€)*. Auf der Westseite der Insel liegt beeindruckend schön, weil unmittelbar am Meer, der *Golfplatz* von Samsø. Es gibt kleine Badestrände, Radler haben keine natürlichen Feinde. Berühmt ist die Insel für ein ganz und gar erdgebundenes Produkt: Auf Samsø gedeihen, so sagt man, die besten Kartoffeln Dänemarks.

Silkeborg   [123 D–E5]

Eine Papierfabrik machte um 1850 aus einem unbedeutenden Kaff eine aufstrebende Stadt (34 500 Ew., 35 km von Aarhus). Das mag daher kommen, dass in der Fabrik auch heute noch das dänische Papiergeld hergestellt wird – Geld macht lustig. In der letzten Juniwoche erbebt die Stadt unter den Klängen von 60 Jazzbands. Alle vier Jahre im August feiert Silkeborg sich mit einer Regatta eine Woche lang selbst: dann fahren Hunderte von Booten, erleuchtet von Lampions, auf die Seen hinaus, während in der Stadt 300 000 Menschen feiern. Vom Hafen aus kann man die vier Seen des *Seenhochlands* befahren *(Kanuvermietung am Hafen).* Ebenfalls

Insider Tipp

vom Hafen aus fahren Ausflugsschiffe. Wer etwas Besonderes will, bucht eine Tour mit dem kohlebefeuerten *Raddampfer Hjeilen,* dem ältesten noch in Betrieb befindlichen seiner Art *(Buchung unter Tel. 86 82 07 66).*

Ein toter Mann ist die Attraktion im *Silkeborg Museum* im ältesten Gebäude der Stadt *(Hovedgardsvej 7, Mai–Mitte Okt. Di–So 10–17 Uhr, sonst Di–Fr 12–16 Uhr, Eintritt 20 Kronen).* 1950 entdeckte man in einem Moor eine 2200 Jahre alte Moorleiche, den Grauballemann. Er scheint noch im Tod gelächelt zu haben – vielleicht, weil er wusste, dass er nicht allein war. Nicht weit von ihm fand man eine weitere Moorleiche – eine Frau.

Ein Hotel mit wirklich typisch dänischer Atmosphäre ist das *Dania am Markt:* ein bisschen angestoßen, gemütlich, großzügig, offen und herzlich; es kann draußen vor der Tür gespeist werden. *47 Zi., Torvet 5–7, Tel. 86 82 01 11, Fax 86 80 20 04, €€*

Viborg   [123 D4]

Eine moderne Stadt, eine Stadt, die nicht so sehr Wert legt auf Historie,

Junge Leute in einer modernen Stadt: Viborg ist immer am Puls der Zeit

sondern sich ganz dem Hier und Heute verschrieben hat – das ist Viborg (30 500 Ew.). Westlich von Viborg liegen die *Kalkgruben von Daugbjerg und Mønsted,* in denen noch bis ins 20. Jh. Kalk abgebaut wurde. Heute sind die Gruben wahre Abenteuerplätze. In den *Mønsted Kalkgruber, Kalkværksvej 8, Mitte Mai–Aug. und Nov.–Mitte März tgl. 10–17 Uhr, Eintritt 15 Kronen,* beleuchtet eine Diashow die Geschichte der oft mehrere Meter hohen Stollen. *45 km von Aarhus*

SØNDERBORG

[127 E6] Auch wenn man es ihr nicht auf den ersten Blick ansieht: Sønderborg (29 000 Ew.) ist eine Hauptstadt. Zwar nur die Hauptstadt der Insel Als, aber das tut dem Stolz keinen Abbruch. Ein trotziges Selbstbewusstsein erwächst schon allein aus der Tatsache, dass die Hafenstadt eine Grenzstadt ist. Sønderborg will entdeckt werden. Wie das Wikingerboot, das man aus dem Nydammoor ganz in der Nähe barg. Oder der kleine Hafen von Egernsund mit seinen Werften, auf denen in Handarbeit Holzkutter repariert werden. Oder der Leuchtturm von Fynshav, der so typisch dänisch dasteht und doch von den Preußen gebaut wurde.

SEHENSWERTES

Hafen
Lebendig wird es immer, wenn die königliche Yacht im Juni an ihrem Liegeplatz festmacht. Dann kann man aus der Nähe beobachten, mit welch herausfordernder Nonchalance die Herren Marinesoldaten ihrem Dienst nachgehen.

Sønderborg Schloss
Das Schloss wurde als Lagerraum genutzt, es war Lazarett und Gefängnis. Heute werden hier vor allem die kriegerischen Ereignisse

von 1864 dokumentiert, als die vereinigten Preußen und Österreicher die Stadt beschossen, ehe sie die Schanzen bei Dybbøl stürmten. *Mai–Sept. tgl. 10–17 Uhr, Eintritt 30 Kronen*

ESSEN & TRINKEN

Ballebro Færgekro
Traumhafte Lage zwischen Sønderborg und Aabenraa am Sund von Als und ein Traum von einem Kro. Gekocht wird mit regionalen Grundprodukten. *Blans, Færgevej 5, Tel. 74 46 13 03, €€€*

Café au Lait
Hübsch am Hafen gelegenes Kneipenrestaurant. Tagsüber kleine Gerichte und 20 verschiedene *smørrebrøds*, abends Musik und gute Laune bis spät in die Nacht. *Søndre Havnegade 22, Tel. 74 43 16 39, €*

ÜBERNACHTEN

Baltic
Das herrenhausartige Hotel 5 km östlich von Sønderborg liegt nur ein paar Meter vom Seglerhafen von Høruphav entfernt. *14 Zi., Havbo 29, Tel. 74 41 52 00, www.hotelbaltic.dk, €€€*

AUSKUNFT

Sønderborg Turistbureau
Radhustorvet 7, Tel. 74 42 35 55, www.sonderborg.dk

ZIELE IN DER UMGEBUNG

Aabenraa   [127 D5]
Die kleine Hafenstadt (15 000 Ew.) mit dem überwältigend großen Industriehafen hat sich der Kunst verschrieben. An über 20 Orten im Stadtgebiet wurden Skulpturen aufgestellt. Aabenraa besitzt die wohl perfektest renovierte Einkaufsstraße Dänemarks. *40 km von Sønderborg*

Dybbøl   [127 D6]
Ein nationales Monument. Zweimal, 1848 und 1864, wurden die Verteidigungsanlagen von den Deutschen gestürmt – die letzte Niederlage führte zum Verlust von Südjütland an Bismarcks Preußen. *Mitte April–Sept. tgl. 10–17 Uhr, Eintritt 40 Kronen*

Fredericia   [127 E2–3]
Die Stadt (28 000 Ew., 100 km nördlich von Sønderborg) wurde 1650 als eine Festung gegen die Schweden gebaut. Der jüdische Friedhof mit seinen 550 Gräbern ist der größte neben dem Kopenhagener. Die etwas andere Unterkunft ist das *Sømandshjem* am Rand der Altstadt, mitten im rauen Hafenviertel *(32 Zi., Gothersgade 40, Tel. 75 92 01 99, Fax 75 93 25 90, www.fsh.dk, €)*. Elegant, ja beinah herrschaftlich geht es im *Kryb-I-Ly Kro* von *Taulov* zu, wenige Kilometer außerhalb der Stadt. Der reetgedeckte Kro ist kein simples Landhaus, sondern eine der größten Verkörperungen der so genannten Landhausidylle. *(77 Zi., Koldinglandevej 160, Tel. 75 56 25 55, Fax 75 56 45 14, www.krybily.dk, €€€)*

Haderslev   [127 D4]
Die Berühmtheiten der Hafenstadt (20 500 Ew., 60 km von Sønderborg) findet man südöstlich des gotischen Doms: Backsteinhäuser mit wunderschön restaurierten Rokokogiebeln. Die größte Tonarbeitensammlung Nordeuropas zeigen die

Ehlers Samlingen, untergebracht in einem Bürgerhaus von 1577 *(Slotsgade 20, Mo–Sa 10–17 Uhr, Eintritt 10 Kronen).*

Horsens [127 E1]

Horsens (47 000 Ew.) hat die breiteste Fußgängerzone Dänemarks. Und man kann eine Berühmtheit vorzeigen: Vitus Bering, Dänemarks größter Welterkunder, wurde 1681 in Horsens geboren. Bering entdeckte die Durchfahrt zwischen Alaska und Sibirien, die Beringstraße. An die große Zeit der Stadt erinnert das *Lichtenbergske Palae* in der *Søndergade 17–19:* ein prächtiger Bürgerpalast von 1744. Heute ist das Haus ein sehr gutes Hotel mit gehobener Küche *(42 Zi., Tel. 75 62 16 00, Fax 75 62 85 85, www.jorgensens-hotel.dk, €€).* 120 km von Sønderborg

Kolding [127 D3]

Es war am Abend des 29. März 1808. Durch eine Unachtsamkeit der Wachmannschaft, die es warm haben wollte, brach im Schloss von Kolding (59 000 Ew., 90 km von Sønderborg) ein Feuer aus. Erst 60 Jahre später begann der Wiederaufbau. 1930 war der Turm fertig, 1970 entschied man sich, das Schloss mit Macht in eine moderne Form zu bringen. 1993 wurden die Arbeiten beendet. Der *Ruinensaal* mit seiner ganz und gar eigenen Atmosphäre – die ruinösen Mauern ließ man stehen und setzte eine Kuppel über das Ganze – wird für Kunstausstellungen genutzt, der *Rittersaal* mit seinem imposanten Kamin kann besichtigt werden *(Slotsstræde, April–Sept tgl. 10–17 Uhr, Eintritt 30 Kronen, www.koldinghus.dk).*

Eines der schönsten Museen Dänemarks liegt östlich des Zentrums am Kolding Fjord: das ★ *Kunstmuseum Trapholt.* In der Anlage erinnert es an ein mittelalterliches Kloster, mit seinen klaren und hellen Räumen ist es ein beispielhaftes Stück moderner skandinavischer Architektur. Gezeigt werden aktuelle dänische Kunst und Werke der dänischen klassischen Moderne, außerdem dänisches Möbeldesign. Cafeteria und Garten mit Blick auf den Fjord *(Æblehaven 23, tgl. 10–17 Uhr, Eintritt 50 Kronen, www.trapholt.dk).* Folgt man dem Fjordvej, erreicht man nach 3 km das *Hotel Koldingfjord.* Traumhafte Lage direkt am Fjord und am Wald, Komfortzimmer, sehr gutes Restaurant, Ruhe in luxuriöser Abgeschiedenheit *(114 Zi., Fjordvej 154, Tel. 75 51 00 00, Fax 75 51 00 51, www.koldingfjord.com, €€€).*

Kollund [127 D6]

Was man doch aus einer Jugendherberge machen kann: Christian Bind verwandelte das heruntergekommene Gebäude mit seiner grandiosen Lage hoch über der Flensburger Förde in ein Luxushotel. Gekocht wird im *Fakkelgaarden* französisch-dänisch: dänische Grundprodukte, französische Kochtradition. 2001 wurde der Fakkelgaarden zum besten Restaurant Dänemarks gekürt. *21 Zi., Fjordvejen 44, Tel. 74 67 83 00, Fax 74 67 83 63, www.fakkelgaarden.dk, €€€. 20 km von Sønderborg*

Insider Tipp

Rinkenæs [127 D5]

Der einzige Golfplatz Dänemarks in einem Naturschutzgebiet. *Benniksgaard Golf Klub, Sejrsvej 79, Gråsten, www.benniksgaard.com. 16 km*

Die Märchenhafte

Fünen bietet einfach alles: Liebreiz und Abenteuer, Kultur und grandiose Natur

Fünen ist mehr als irgendeine unter den 450 Inseln Dänemarks: Fünen ist ein Kontinent. Eigenartig, selbstbewusst, voller Kontraste und dabei von einer Geschlossenheit, die Selbstständigkeit verrät. Die Fynboer, wie sie genannt werden, also die auf Fünen Lebenden, sind in sich ruhende Menschen, die wissen, was sie haben. Privat und öffentlich, das sind die großen Gegensätze. 90 Prozent der Wälder und der Seen gehören den 123 Herrenhöfen Fünens – und jedem steht der Zugang offen. Eigentum verpflichtet – die Natur ist für alle da. Mehr als 1100 km ist die Küste der Insel lang. Da findet sich für jeden ein Plätzchen. Im Norden rau, im Osten Bucht an Bucht mit Sandstränden, im Süden die Hafenstädte, im Westen einsam und beinahe verlassen – jedes Temperament wird befriedigt. Fünen ist nicht nur Natur-, sondern auch Kulturland. In der Eisenzeit gab es bei Gudme das erste dänische Königreich, das Handel mit der ganzen Welt trieb; im Mittelalter tagte der Danehof in Nyborg; Odense wurde um 1900 zu einer der reichsten Städte Dänemarks. Und dann ist da natürlich noch Hans Christian Andersen, der

Kontrast im Kleinen: blühendes Rapsfeld vor baumbeschattetem Reetdachhaus

große Fabulierer. Mit dem Märchen vom hässlichen Entlein hat er seiner Heimat – und sich selbst – ein immerwährendes Denkmal gesetzt.

FAABORG

[127 F5] Die von See Kommenden grüßt der dicke, gelbe, mittelalterliche Turm der Kirche, der die Stadt (7500 Ew.) wie ein Wehrturm überragt. Von Land her geht es langsam, still und leise hinein in die kleine Stadt am Rand der dänischen Südsee. Faaborg ist beides: Stadt und Dorf, Marktplatz und Kulturort. Fähren legen an und wieder ab zu den kleinen Inseln vor der Stadt, am Abend trudeln die Segler ein, die Sonne taucht alles in ein gleißendes Nordischblau.

SEHENSWERTES

Das Viertel der Gassen nördlich der Fußgängerzone und die Einkaufsstraße *Østergade* dürften so ziemlich das niedlichste sein, was es in Dänemark an Stadt zu sehen gibt – wenn eine Stadt niedlich sein kann.

Insider Tipp

Faaborg Arrest

Dänemarks einziges öffentlich zugängliches Arresthaus. Das Gefängnis war noch bis 1989 in Betrieb. *Torvet, April–Mitte Juni und Mitte*

Bunt gestrichene Fachwerkhäuser zieren diese Gasse in Faaborg

Sept.–Okt. Sa/So 11–15, Mitte Juni bis Mitte Sept. tgl. 10.30–16.30 Uhr; Eintritt 30 Kronen

Ymerbrunnen

Der Brunnen auf dem Marktplatz stammt vom Bildhauer Kai Nielsen. Gestiftet hat das Werk der Joghurtproduzent Mads Rasmussen. Ymer ist in Dänemark seitdem so etwas wie ein Synonym für Joghurt. Der Brunnen erzählt die Geschichte des Riesen Ymer, der der nordischen Mythologie zufolge Erde, Götter und Menschen erschaffen hat. Vom dauernden Anfassen glänzt sein naturalistisch gestalteter Penis wie Gold – das soll Glück bringen: wem auch immer.

MUSEEN

Insider Tipp

Faaborg Museum

Mads Rasmussen schenkte seiner Stadt nicht nur einen Brunnen, sondern auch ein Museum. Damit sie die Maler würdig ausstellen konnte, die seine Heimat im Stil des Freiluftimpressionismus verherrlicht hatten: die Maler Fünens, wie die Schule genannt wurde. 1915 wurde das Gebäude des Architekten Carl Petersen eingeweiht, neben der Zentrale der Polizei in Kopenhagen das zweite bedeutende Hauptwerk des späten nordischen Klassizismus. Die Räume sind sämtlich in verschiedenen Farben gehalten, alles wirkt luftig und wunderbar leicht. Im Garten des Museums darf Kaffee getrunken und Kuchen genossen werden. *Grønnegade 75, tgl. April–Mai, Sept. und Okt. 10 bis 16, Juni–Aug. 10–17 Uhr; Eintritt 35 Kronen*

Den Gamle Gaard

Das Fachwerkhaus von 1725 zeigt in 30 Räumen die bedeutendsten Entwicklungen der Stadtgeschichte. Ein herrlicher Rokokosaal inklusive Inventar und Tapeten ist erhalten geblieben. Im Garten steht ein verwunschener, rosenbewachsener Pavillon, von dem Sie einen schönen Blick auf den Hafen haben – Picknick erlaubt. *Holkegade 1–3, April–Mitte Juni und Mitte Sept. bis Okt. Sa/So 11–15, Mitte Juni–Mitte Sept. tgl. 10.30–16.30 Uhr; Eintritt 30 Kronen*

ESSEN & TRINKEN

Den Gyldne Reje

Der rote Holzbau ist der Treffpunkt der Szene. Scholle oder Krabben, immer frisch, werden hier im milden Glanz der Abendsonne zu einem Glas Chablis oder einem Gläschen Schampus verdrückt. *Vestkaj 3, Tel. 62 61 42 32, €€*

Heimdal

Die Kneipe am Hafen. Aber was heißt Kneipe: Die Chefin serviert in ihrem hübschen Garten das beste Spät-Frühstück Faaborgs. *Havnegade 12, €*

EINKAUFEN

Antikhuset

In einem kleinen, aber feinen Geschäft verkauft Anne Winther Antiquitäten, von denen die meisten von Fünen oder den Inseln der Südsee stammen. Schöne Auswahl, gediegene Preise. *Strandgade 7*

Bøjestraede

Die hübsche Gasse mit den kleinen Häuschen ist die Kunstmeile der Stadt. In *Nummer 7* schafft der *Keramiker Ulf Nielsen* Steinzeug- und Porzellanvasen, gleich gegenüber liegt das *Smykke Atelier* mit Silberarbeiten, *Nummer 14* beherbergt *Georg Hemstra Kunsthandel,* ein Antiquitätengeschäft mit Werkstatt, in dem man Fliegenfänger aus Glas oder kopflose Putten findet.

Røgeriet

Am Industriehafen steht das kleine rote Backsteinhaus der einzigen Räucherei weit und breit. Hier gibts frisch vom Kutter Scholle, Dorsch oder Krabben, Räucherware und

---

MARCO POLO Highlights
»Fünen«

★ **Helnæs**
Eine Welt für sich mit weitem Strand und wunderbarer Aussicht vom Leuchtturm (Seite 58)

★ **Hans Christian Andersens Kindheitshaus**
In diesem Haus in Odense wohnte der Schustersohn, aus dem ein Dichter werden sollte (Seite 60)

★ **Egeskov**
Ein Renaissanceschloss, das verzaubern kann (Seite 57)

★ **Fjord- und Bæltcenter**
Wasserwelt mit 50 m langem Unterwassertunnel in Kerteminde (Seite 63)

★ **Valdemars Slot**
Ein märchenhaftes Erlebnis (Seite 67)

Salate. Sehr zu empfehlen: Kräuterlachs und Lachs mit Mandelscheiben, beides geräuchert. *Am Industriehafen stadtauswärts Richtung Assens, Havnegade 13*

ÜBERNACHTEN

Hotel Faaborg
Einfaches Hotel direkt am Markt in der Innenstadt. Im Sommer wird auch im Freien serviert, das Essen ist ebenfalls eher einfach, aber gut. *9 Zi., Torvet 13–15, Tel. 62 61 02 45, Fax 62 61 08 45, www.hotel faaborg.dk, €*

Færgegaarden
Das Traditionshaus am Hafen mit Aussicht auf Bahnhof und Fähranleger. Im Restaurant geht es etwas steif zu, aber die Bierstube ist gemütlich und anheimelnd. Hier gibt es sehr gute Fischgerichte. *16 Zi., Chr. IX's Vej 31, Tel. 62 61 11 15, Fax 62 61 11 95, €€*

Hvedholm Slot
Das Hotel an der Straße 8 Richtung Bøjden, 4 km westlich von Faaborg, gehört zu einer Kette von Schlosshotels. Wer nostalgischen Kitsch liebt und die Prächtigkeit eines geschichtsträchtigen Hauses, der liegt hier richtig. *50 Zi., Faaborg Richtung Horne, dann links ab, Tel. 62 60 22 57, Fax 62 60 17 44, €€*

Insider Tipp Steensgaard Herregaardspension
Eine gelinde Untertreibung: Diese Pension ist nichts weniger als eine feine, exklusive Herberge in schönster Herrenhausumgebung. Die Küche hat sich auf Wildgerichte spezialisiert. Mit Wildschweinehege und Tennisplatz, zum nächs-

ten Golfplatz sind es 2 km. *18 Zi., von Faaborg Richtung Millinge, an der Straße 44, Tel. 62 61 94 90, Fax 63 61 78 61, www.herregaardspension.dk, €€€*

FREIZEIT & SPORT

Wer hier nicht mit dem Fahrrad fährt, ist selber Schuld. Faaborg ist umgeben von Hügeln und einsamen Straßen, die durch Wälder, an Feldern entlang und an großartigen Herrenhäusern vorbeiführen.

AUSKUNFT

Faaborg Turistbureau
Banegaardspladsen 2a, Tel. 62 61 07 07, Fax 62 61 33 37

ZIELE IN DER UMGEBUNG

Assens   [127 E4]
Assens (15 000 Ew.) war schon immer eine Stadt des Handels: klein, aber fein. Von der Kaufkraft zeugt die gotische *Vor Frue Kirke* mit ihrem strahlend weißen, dreischiffigen Innenraum. Wie Gottes Stimme erfüllt die Orgel die Kirche, wenn hier im Sommer Konzerte veranstaltet werden. Von Reichtum erzählt auch *Ernsts Samling, Østergade 57, Führung Mitte Juni–Mitte Aug. Mo–Sa 14 Uhr, Eintritt 40 Kronen.* Zu sehen ist das vollständig erhaltene Interieur des Wohnhauses des Silberwarenfabrikanten Frederik Ernst, der 1976 starb und sein Erbe einer Stiftung vermachte. Jeden Mittwoch legt der *Raddampfer Helene* in Assens an: Gelegenheit für eine 90-minütige Tour auf dem Kleinen Belt. Taucher können sich an das *Søsportcentret* wenden, *Tel. 64 71 26 74,* Kajakfahrer an die

Turformidlingen in Hårby (Svavevej 22, Tel. 64 77 13 57). In *Voldtofte,* zwischen Assens und Hårby, können auf einem *Reiterhof (Hødvej 5, Tel. 64 77 14 52)* Isländerpferde gemietet werden. *Planwagen* und geduldige *Pferde* vermieten Henning und Lieselotte Hansen in Skarup *(Holmdrup Huse 3, Tel. 62 23 18 25, eine Woche ca. 4000 Kronen).* Die Strecke zwischen Assens und Tommerup Stationsby, etwa 15 km, kann auf einer stillgelegten Bahnstrecke mit dem *Schienenfahrrad* erstrampelt werden, *Information: Assens Turistbureau, Tel. 64 71 20 31, Fax 64 71 49 39. 40 km von Faaborg*

Egeskov   [127 F4]

★ Das Renaissanceschloss mit dem schönen Namen Eichenwald heißt nicht ganz zu Unrecht so: Das Wasserschloss ruht auf mehr als 1000 Eichenpfählen, die in den sumpfigen Boden gerammt wurden. Der Schlossherr verweigert dem Volk zwar immer noch den Zugang zu seinem Barocklabyrinth – der ganze Rest darf jedoch besichtigt werden: Das Schloss, der Renaissancegarten, der mit 75 Arten größte Fuchsiengarten Europas, die Sammlungen von alten Autos und Motorrädern. Ein Kletterpfad zwischen Bäumen wartet als Mutprobe, in der Cafeteria kann man sich bei Kaffee und Kuchen erholen. *Mai und Sept. tgl. 10–17, Juni und Aug. Mo–Sa 10 bis 18, So 10–17, Juli Mo–Sa 10–20, So 10–19 Uhr, Eintritt 60 Kronen, www.egeskov.com. 20 km nordöstlich von Faaborg*

Faldsled   [127 F5]

Ein Franzose hat das Dorf 15 km nordwestlich von Faaborg berühmt gemacht: Jean-Louis Lieffroy. Seit nunmehr 30 Jahren leitet der Koch aus den Vogesen die Küche im *Falsled Kro,* 19 Zi., Assensvej 513, Tel. 62 68 11 11, Fax 62 68 11 62, *www.falsledkro.dk,* €€€, und hat sie zu einer der besten – und teuersten – des Landes gemacht. Der Kro ist ein Gesamtkunstwerk. Feinste mediterrane Küche aus den besten regionalen Grundprodukten

Im Irrgarten von Schloss Egeskov findet man Ruhe und Abgeschiedenheit

Fünens, das ganze gepaart mit der Leidenschaft eines Kochs, der von sich behauptet, das Abenteuer zu lieben. Die Zimmer sind die reinste Idylle, von denen aus man die Gäste per Hubschrauber einschweben sehen kann. Wer nicht 2000 Kronen für ein Zimmer übrig hat, der kann ähnlich idyllisch, aber etwa fünfmal billiger im *Faldsled Hostel*, einer Art Jugendherberge, unterkommen *(10 Zi., Assensvej 521, Tel. 62 68 22 40, Fax 62 68 22 41, www.faldsled.dk, €)*.

Helnæs [127 E4–5]

★ Die Halbinsel Helnæs reckt sich zwischen Faaborg und Assens in den Kleinen Belt. Eine Welt für sich, über einen schmalen Damm mit dem Festland verbunden. An der Spitze der Halbinsel steht der ☘ *Leuchtturm von Lindehoved, tgl. 9–18 Uhr, Eintritt 5 Kronen*, direkt an der Küste – von hier hat man einen phantastischen Blick hinüber nach Als. Der Strand von *Helnæs Strand* auf der anderen Seite der Insel ist weit und breit. Im *Helnæs Kro, €*, (keine Küche von 14 bis 17 Uhr) legt der Wirt Wert auf äußerste Pünktlichkeit. Spezialität: gebratener Aal. Bei *Helnæs Mølle, Tel. 64 72 32 17*, können Kajaks und Jollen für eine Tour auf der Bucht gemietet werden.

Insider Tipp Middelfart [127 E3]

Wie eine Knollennase reckt sich das alte Zentrum der Stadt in den Fjord von Kolding. Das *Keramikmuseum Grimmerhus, Kongebrovej 42, Di bis So 10–17 Uhr, Eintritt 35 Kronen*, beeindruckt mit Neogotik und einem herrlichen Garten. Nur wenige hundert Meter entfernt liegt eins der besten Hotels Dänemarks

versteckt im Wald und doch am Wasser, das *Hotel Kongebrogaarden, 62 Zi., Tel. 63 41 63 41, Fax 63 41 63 42, www.kongebrogaarden.dk, €€€*. Von fast allen Zimmern geht der Blick aufs Wasser, exzellente Küche. Volkstümlich im besten Sinn geht es im *Restaurant Fænøsund* zu *(Teglgaardsvej 100, Tel. 64 41 28 38, €)*. Die gelbe Villa mit Holzveranda liegt direkt am Wasser: apfelgratinierter Lachs mit Parmesan, Fischpasta, Fenchelsalat mit geräucherten Muscheln oder hausgemachte Fischfrikadellen, und das alles zu reellen Preisen.

Wer sich das alles vom Wasser aus ansehen möchte: Die *M/S Mira III* macht vom Middelfarter Hafen aus Touren auf den Kleinen Belt *(Juli–August Di, Do und So, pro Person 60 Kronen, Tel. 64 41 11 09)*.

Strände

Schön und auch für Kinder gut geeignet sind die Strände bei *Kidholm*, von Faaborg auf der Straße 44 Richtung Svendborg, rechts ab bei Katterød, oder bei *Tastebjerg*, von Faaborg auf der Straße 8 nach Bøjden, in Horne hinter der Kirche links ab Richtung Bucht.

ODENSE

[127 F3–4] Odense (185 000 Ew.) ist eine märchenhafte Großstadt. Das liegt natürlich an keinem Geringeren als Hans Christian Andersen, der hier geboren wurde, aufwuchs und später mit seinen Fabeln und Märchen weltberühmt wurde. Das wertvolle Erbe wird mit Respekt und Sinn fürs Geschäft verwaltet. Das Stadtzentrum gibt sich immer noch so verwinkelt, historisch herausgeputzt und überschaubar wie vor 200 oder 300 Jahren, als Odense eines der bedeutendsten Handelszentren Dänemarks war. Odense ist eine bürgerliche Metropole, eine Bürgerstadt, in der Gemeinsinn vor Eigensinn geht.

SEHENSWERTES

Mit dem *Odense Eventyr Pas (1 Tag 85 Kronen, Kinder 40 Kronen, 2 Tage 125 Kronen, Kinder 60 Kronen)* brauchen Sie bei 14 Museen und anderen Attraktionen keinen Eintritt mehr bezahlen. Außerdem gibt es 25 Prozent Ermäßigung z. B. bei Bootsfahrten auf der Odense Å und bei Angelkarten.

Brandts Klædefabrik

Aus einer ehemaligen Kleiderfabrik wurde ein Kulturzentrum mit Kinos, Galerien, Läden und Museen. Das *Dänische Pressemuseum* wid-

Schön bunt: Brandts Klædefabrik

met sich den Medien, das *Museum für Fotokunst* zeigt aktuelle Ausstellungen. *Tidens Samling* führt vor, wie sich die Dänen kleiden und gekleidet haben, die *Kunsthalle* zeigt Arbeiten international bedeutender Künstler. *Di–So (Juli/Aug. tgl.) 10 bis 17 Uhr, Eintritt 50 Kronen, Tel. 66 12 10 20, www.brandts.dk*

Elvis Presley Museum

1500 Gegenstände rund um den Rockhelden, der so jämmerlich zu Grunde ging. Plakate, Gitarren und Glitzerkostüme – und jede Menge Devotionalien. *Grønløkken 3, Aug. bis Juni Di–Fr und So 10–18, Sa 14–18 Uhr*

Den Fynske Landsby

Insider Tipp

Ein Freilichtmuseum mit 26 historischen Bauernhäusern, das zeigt, wie es um die Mitte des 19. Jhs. auf Fünen ausgesehen hat. Das Museum ist beileibe keine trockene Angelegenheit. In dem Dorf wird nach alten Methoden und mit alten Werkzeugen gearbeitet, im Kro fließt gutes dänisches Bier. *Sejerskovvej 20, April–Mitte Juni und Mitte Aug.– Okt. Di–So 10–17, Mitte Juni–Mitte Aug. tgl. 9.30–19, Nov.–März So 11–15 Uhr, Eintritt 35 Kronen, www.odmus.dk*

Domkirche Sct. Knuds

Schmuckstück des gotischen Doms ist der 5 m hohe Altar von Claus Berg, entstanden zwischen 1513 und 1523. Die Rokokokanzel stammt von dem Bildhauer Herman Jansen. Eines der größten Heiligtümer Odenses ist der Heilgenschrein mit den Überresten des dänischen Königs Knud, der 1086 von Bauern in Odense erschlagen wurde. *April bis Mitte Okt. Mo–Sa 9–17, So*

12–15, Mitte Okt.– März Mo–Sa 10–16, So 12–15 Uhr

Odense Zoo

Neben Tigern, Tapiren und Skorpionen ist auf 36 000 m² eine Minikopie des Okavangoreservats von Botswana zu sehen. Neueste Attraktion ist ein so genanntes Ozeanium, in dem eines der merkwürdigsten Tiere der Unterwasserwelt zu bestaunen ist: die <mark>Wasserkuh.</mark> *Sønder Boulevard 306, tgl. Mai bis Aug. 9–18 oder 19, Sept.–April 9 bis 16 oder 17 Uhr; Eintritt 75 Kronen, www.odensezoo.dk*

Insider Tipp

MUSEEN

Dänemarks Eisenbahnmuseum

Dem Bahnhof gegenüber ist in einer ehemaligen Remise das größte Eisenbahnmuseum Skandinaviens untergebracht. Ein Bahnhof, wie er um 1900 ausgesehen hat, wurde mit Mann und Maus naturgetreu nachgebaut. Eine Minibahn, auf der Kinder mitfahren dürfen, fährt durch das Gelände. *Dannebrogsgade 24, tgl. 10–16 Uhr, Eintritt 30 Kronen, www.jernbanemuseum.dk*

Fünens Kunstmuseum

Ein klassisches Museum für die dänische Kunst des 19. und 20. Jhs. Weite Säle lassen den Arbeiten von Künstlern wie Peter Severin Krøyer, Jens Juel oder Robert Jacobsen den Raum, den sie brauchen. *Jernbanegade 13, Di–So 10–16 Uhr, Eintritt 25 Kronen, www.odmus.dk*

Hans Christian Andersens Haus

In dem kleinen, gelben Eckhaus mit den niedrigen Decken sind Bücher, Briefe, Zeichnungen und Dinge aus dem Nachlass des Dichters zu se-

hen. Die Bibliothek besitzt die umfangreichste Sammlung seiner Bücher. *Hans Jensens Stræde 37–45, Mitte Juni–Aug. tgl. 9–19, Sept. bis Mitte Juni Di–So 10–16 Uhr; Eintritt 35 Kronen.*

Ein paar Häuser weiter wird das märchenhafte Erbe Andersens spielerisch weitergegeben. Im *Kinderkulturhaus Feuerzeug* können sich die Kleinen schminken und verkleiden, Theater spielen, malen und basteln – alles auf den Spuren des großen Erzählers. *Hans Jensens Stræde 21*

Hans Christian Andersens Kindheitshaus

★ 14 Jahre lang (1807–19) lebte der Dichter in diesem Haus, ehe er sein Glück in der Welt versuchte. Eine Ausstellung zeigt, wie die kleine Welt des großen Märchenmanns ausgesehen hat. *Munkemøllestræde 3–5, Mitte Juni–Aug. tgl. 10–16, Sept.–Mitte Juni Di–So 11–15 Uhr; Eintritt 10 Kronen*

ESSEN & TRINKEN

Café Fyrtøjet

In der Altstadt von Odense gleich neben Hans Christian Andersens Haus. Gemütlicher Garten mit Holzstühlen- und Tischen. Hausgemachter Kuchen. *Hans Jensens Stræde 21, Tel. 21 77 02 02, €*

Den Gamle Kro

Der alte Kro, ein 300 Jahre altes Fachwerkgebäude, dampft besonders am Abend vor Lust und Laune. Traditionelle Küche mit Scholle und Schweinebraten, aber auch gut gemachte Salate und vereinzelt vegetarische Gerichte. *Overgade 23, Tel. 66 12 14 33, €*

Marie Louise

Michel Michaud kocht nach den Prinzipien der klassischen französischen Küche, also leicht, aromatisch, ohne überflüssige Schnörkel. *Lottrups Gaard, Vestergade 70–72, Tel. 66 17 92 95, www.restaurantmarielouise.dk, €€€*

EINKAUFEN

Inspiration Zinck

Dänisches Design und Gebrauchsartikel – beinah alles, was das Land zu bieten hat. *Vestergade 82–84*

ÜBERNACHTEN

Bed & Breakfast

Wenn es auch ein Zimmer außerhalb sein darf, dann bieten sich die wirklich hervorragenden Bed & Breakfast-Pensionen rund um Odense an. Viele sind perfekt restaurierte Bauernhöfe, die oft geradezu idyllische Ruhe verströmen.

Der Komfort stimmt inzwischen auch, und mehr als 40 Euro pro Zimmer kostet es selten. *Infos über Odenses Turistbureau*

First Grand Hotel

Nicht weit vom Bahnhof gelegenes Vier-Sterne-Haus mit der leicht verblichenen Grandezza großbürgerlicher Prächtigkeit. *138 Zi., Jernbandegade 18, Tel. 66 11 71 71, Fax 66 14 11 71, www.firsthotels. com, €€€*

Hotel Knudsens Gaard

Edles Ambiente in großem Fachwerkbau. Hier steigen Golfer ab, weil die Greens des Golfplatzes von Odense zu Fuß zu erreichen sind. *63 Zi., Hunderupgade 2, Tel. 63 11 43 11, Fax 63 11 43 01, www.knudsensgaard.dk, €€*

Det Lille Hotel

Kleines Hotel in ruhiger Straße im Zentrum mit einfachen, aber ge-

Angemessen märchenhafte Beleuchtung im abendlichen Odense

mütlichen Zimmern. *12 Zi., Dronningensgade 5, Tel. 66 12 28 21,* €

FREIZEIT & SPORT

Bootsfahrt auf der Odense Å

Mit dem Boot den Fluss befahren, der Odense durchquert – eine wunderbar entspannende Reise an Hinterhöfen und Parks entlang. *Abfahrt Filosofgangen 26, Tel. 65 95 79 96, www.aafart.dk*

Golf

Odense Eventyr Golf Center, drei 9-Loch-Schleifen, westlich des Zentrums, *Falen 227, Tel. 66 17 11 44, www.golfin.dk*

Meet the danes

Wie wärs denn zur Abwechslung mal mit einer dänischen Familie? Das Turistbureau von Odense vermittelt für einen Tag den Aufenthalt bei echten Dänen. Das ist die Gelegenheit, alle Vorurteile bestätigt zu bekommen, die Sie schon immer ablegen wollten. *Info über das Turistbureau*

Svanen

Die Svanen, ein kleiner Ausflugsdampfer fährt von Odense hinaus auf den Fjord – eine fünfstündige Tour, bei der es u. a. an der Lindøwerft vorbeigeht, der größten Werft Dänemarks. Der Dampfer legt um 11 Uhr an *Boels Bro* ab. *Mitte Juni–Anf. Sept. Mi–So, im Juli Mi, Do und Fr auch Abendtouren, Rundfahrt 90 Kronen, Tel. 65 97 70 61, www.svanen-munkebo.dk*

AM ABEND

Man trifft sich in der *Altstadt* rund um Hans Christian Andersens Haus. Beim 🏃 *Fisketorvet,* dem Fischmarkt, liegen die Kneipen dicht an dicht.

AUSKUNFT

Odense Turist Bureau

Radhuset, Tel. 66 12 75 20, Fax 66 12 75 86, www.odenseturist.dk

ZIELE IN DER UMGEBUNG

Aarup   [127 E3]

Fyns Sommerland: ein Vergnügungspark, dem nichts fehlt. Gokarts, Schwanenboote, Trampoline, Reiten, Wasserrutschen. *Fjellemosevej 3, ab Mitte Mai Mo–Fr, Juni–Aug. tgl., Mitte–Ende Aug. Di, Do, Sa und So 10–18 Uhr, 10 km westlich von Odense*

Bogense   [127 F3]

Ein Fischerhafen und eine kleine Stadt (3000 Ew., 20 km nordwestlich von Odense): überschaubar, verwinkelt, gemütlich. Geräucherten Lachs und ausgezeichnete Fischfrikadellen verkauft der *Fischhändler* am *Vestre Havnevej.* Von Bogense sind es nur ein paar Kilometer bis *Æbelø,* einer 240 ha großen Insel östlich des Orts. Die Insel ist ein kleines Naturparadies und Zufluchtsort vieler Vögel, vielleicht auch deshalb, weil sie nur zu Fuß über einen Feldweg zu erreichen ist. 3 km südlich von Bogense liegt *Harritslevgaard.* Ein Deutscher, Hermann Schimkos, kaufte 1985 das leer stehende und verfallende Renaissanceschloss und renovierte es auf eigene Kosten. Der Rittersaal ist der größte Dänemarks in Privatbesitz, das Café sicher eines der kleinsten. *Juni–Mitte Aug. Mo–Fr 10–17 Uhr, Eintritt 50 Kronen*

Bøsøre Strand Camping [128 A3]
Fünf Sterne für einen Camping-platz: Bøsøre an der Ostküste Fünens verfügt nicht nur über einen bemerkenswerten Strand, sondern auch über einen 150 Jahren alten Kuhstall, in dem gefeiert wird. Außerdem: Internetcafé, Playstation, Kino, Pizzeria, Curling, eine Multiarena. Und: eines der »flottesten Toilettengebäude Europas« (Eigenwerbung). *Hesselager, Bøsørevej 16, April–Okt., Tel. 62 25 11 45, Fax 62 25 11 46, www.bosore.dk. 40 km von Odense*

Fyns Hoved [128 A1]
Ganz im Norden hinter Kerteminde reckt sich als Endpunkt von Hindsholm der Kopf von Fünen: eine wildromantische, windumtoste Landschaft mit Steilküsten und verschwiegenen Buchten. Auf dem Weg zurück lohnt sich ein Abstecher nach *Viby.* Das Dorf hat sich in seinen Grundzügen seit Jahrhunderten nicht verändert – eine Perle aus Reetdach und Fachwerk. Tipp für eine Unterkunft: *Bed & Breakfast* bei Olav und Ebbe auf ihrem hübsch renovierten Fachwerkhof *Moselundgaard, Viby Bygade 19, Tel./Fax 65 34 29 50, www.mose lundgaard.dk. 35 km von Odense*

Kerteminde [128 A1]
Das ★ *Fjord- und Bæltcenter* der Stadt (5500 Ew.) ist Forschungseinrichtung und Erlebniszentrum zugleich. Größte Attraktion ist ein 50 m langer Unterwassertunnel, von dem aus die Unterwasserwelt beobachtet werden kann. *Margrethes Plads 1, Juni–Aug. tgl. 10–18, sonst Mo–Fr 10–16, Sa/So 10–17 Uhr, Eintritt 40 Kronen, www.fjord baelt.dk. 15 km von Odense*

Zum Schluss zwei Restaurantempfehlungen: *Rudolf Mathis (Dosseringen 13, Tel. 65 32 32 33, www.rudolf-mathis.dk, €€€)* und *Gittes Fiskehus (Hindsholmvej 2, Tel. 65 32 12 38, €€).* Der eine ist der vielleicht beste Fischkoch Dänemarks, die andere bietet vis-à-vis ein Fischbuffet, wie es die Götter lieben würden.

Nyborg [128 A2]
Wie eine Wehrburg thront das *Schloss von Nyborg* über der Stadt (15 400 Ew.): Bis Anfang des 15. Jhs. hatte hier der Danehof, eine Art Reichstag, seinen Sitz *(März bis Okt. tgl. 10–16 Uhr, Eintritt 30 Kronen).* Eine moderne Antiquität liegt seit dem Bau der Brücke über den Großen Belt fest im Hafen vertäut: die *Kong Frederik IX.* Das Schiff ist heute *Museum (Strandvejen, Anf. bis Mitte Juni und Mitte Aug.–Sept. Sa/So, Mitte Juni–Mitte Aug. tgl. 11–16 Uhr, Eintritt 35 Kronen, www.faergemuseum.dk).*

Das *Restaurant Cadet* in der *Havnegade 2 a, Tel. 65 31 33 03, €€,* erfüllt gehobene Standards: Knurrhahn gegrillt, frisch paniertes Fischfilet (nicht überall selbstverständlich!), Frokostteller mit täglich wechselndem Angebot. Es wird auch an Tischen auf der Hafenmole serviert. *20 km von Odense*

SVENDBORG

[128 A3] Svendborg (27 500 Ew.) hat ein Temperament, das an italienische Verhältnisse erinnert. Hier wird gefeiert bis spät in die Nacht, bei Wind und Wetter, und natürlich ganz besonders, wenn die Sonne lacht oder laue Sommernächte die

Laune in den Himmel heben. Svendborg ist eine fröhliche Stadt. Wie wäre das auch anders möglich bei der größten – oder doch wenigstens zweitgrößten – Kneipendichte des Königreichs.

SEHENSWERTES

Anne Hvides Gaard

Svendborgs ältestes erhaltenes Gebäude (1560) ist Teil einer ehemals vierflügeligen Anlage, erbaut von einer adeligen Dame namens Anne Hvide. In dem dreistöckigen Bau werden Kunstausstellungen gezeigt. *Fruestraede 3, tgl. 10–16 Uhr*

Hafenviertel

Es ist nicht groß, aber es hat viel Charme. Jede Menge Kneipen und Restaurants und unmittelbar hinter

Fassade des Hafenkontors

den Fähranlagen, von wo aus es nach Ærø geht, ein Yachthafen für Freizeitkapitäne, in dem immer etwas los ist. Die Grenze zur »seriösen« Stadt ist nicht zu übersehen: Wo die Bahn kreuzt, die mitten durch die Stadt fährt, da fängt der Hafen an. Und manche sagen, auch das wahre Leben.

MUSEEN

Spielzeugmuseum

10 000 Spielzeuge aus aller Welt, Kinderherz, was willst du mehr? Der Schwerpunkt liegt auf Spielzeug von 1925 bis 1975. *Sct. Nicolaigade 1 b, Mitte Feb.–Mai Mi–Fr 11–17, Sa 10–13, Juni–Aug. 10–17 Uhr, Eintritt 30 Kronen*

Zoologisches Museum

Die größte Attraktion der etwas altertümlichen Sammlung ist ein 17 m langer Wal, der 1955 vor Troense strandete. Außerdem kann man beinahe sämtliche Vogelarten des Landes bestaunen – ausgestopft. *Dronningemæn 30, April bis Sept. tgl 9–17 Uhr, Okt.–März Mo bis Fr 9–16, Sa/So 10–16 Uhr, Eintritt 30 Kronen, www.zoomus.dk*

ESSEN & TRINKEN

La Buca

Schwertfisch mit schwarzen Oliven, gegrillter Steinbutt, Scampipasta in Thymian-Cognac-Sauce. Überdachter Wintergarten mit Blick auf den Hafen. *Jessens Mole 17, Tel. 62 22 42 45, €€*

Havnens Fiskehus

Zur Straße hin liegt der Verkaufsraum mit fangfrischen Fischen, im Hinterhaus werden kleinere Köstlichkeiten wie Fischlasagne, Lachsmousse oder Krabbentorte serviert. *Frederiksgade 7, Tel. 62 21 26 06, €*

Hotel Ærø

Wo die Fähren nach Ærø ablegen, da liegt dieses traditionelle Hotel, das seit 1870 betrieben wird. Traditionell bedeutet in diesem Fall: einfache Zimmer, freundlicher Service und gemütliche Atmosphäre. Im Restaurant unbedingt nach dem Tagesangebot an Fisch fragen. *12 Zi., Brogade 1, Tel. 62 21 07 60, €*

Christiansminde

Gutes Mittelklassehotel nur wenige Kilometer östlich des Stadtkerns, hübsch und ruhig direkt an der Küste gelegen. *98 Zi., Christiansmindevej 16, Tel. 61 21 90 00, Fax 61 21 60 82, €€*

Danhostel

Eine Jugendherberge – aber was für eine! Das neu gebaute Haus liegt mitten in der Stadt und ist mit allem notwendigen Komfort ausgestattet. Das Angebot reicht vom Einbett- bis zum Vierbettzimmer für die ganze Familie. Hier können auch Fahrräder gemietet werden, und einen Picknickkorb gibt es als Zugabe. *84 Zi., Vestergade 45, Tel. 62 21 66 99, Fax 62 20 29 39, €*

Birthe Simonsen

In ihrem hellen, skandinavisch klar gestalteten Geschäft verkauft Birthe Simonsen eigene keramische Arbeiten: elegante Vasen und Schalen genauso wie Gebrauchskeramik. *Fruestræde 19*

Dampfschiff Helge

Vom Hafen in Svendborg (Jessens Mole) fährt zweimal täglich das 1924 in Svendborg vom Stapel gelaufene Schiff hinaus in die Südsee. Drei Stunden lang geht es durch die Inselwelt. Ein Erlebnis sind die Abendfahrten, wenn die »Helge« wie ein Wesen aus einer anderen Welt durch das Dunkel der Nacht dampft. Der aktuelle Fahrplan liegt bei der Touristinformation aus.

Maritim Center Danmark

Mal etwas anderes: Tagestouren in die Südsee mit einem hundert Jahre alten Segelschiff. Die Fahrten mit der »Palnatoke«, die von Svendborg oder Faaborg ablegt, dauern etwa sechs Stunden. Fahrkarten verkaufen die örtlichen Turistinformationen. Im Juli und August werden Abendtouren in die zauberhafte Welt der dänischen Südsee angeboten (pro Person 160 Kronen). *Havnepladsen 2, Tel. 62 80 03 16, Fax 62 80 02 15*

Sydfyns Turistbureau

Centrumpladsen, Tel. 62 21 09 80, Fax 62 22 05 53, www.sydfyn.dk

Broholm [128 A3]

Das Schloss 10 km nördlich von Svendborg beeindruckt durch seine mächtige Anlage mit Wassergraben. Als es im 19. Jh. im Besitz des königlichen Kammerherrn Sehested war, wurde auf dem Gut ein Goldschatz aus der Eisenzeit gefunden. Der Kammerherr ließ sich ein privates Museum für seine Funde errichten. Broholm ist, wie die meisten Schlösser Fünens, für die Öffentlichkeit nicht zugänglich, da es sich in Privatbesitz befindet. Eine Ausnahme machen da glücklicherweise die Führungen des *Søfarts- & Byhistorisk-Arkiv, Grubbemøllevej 13, www.svendborgmuseum.dk.*

Gudme [128 A3]

1993 stieß man bei Arbeiten für eine Handballhalle in dem kleinen Ort Gudme (800 Ew., 10 km nördlich von Svendborg) auf eine Siedlung aus der Eisenzeit. Wie sich herausstellte, war man auf die Überreste des ersten dänischen Königreichs gestoßen. Die repräsentative Halle des Königs von Gudme war 50 m lang und 9,5 m breit – heute markieren Eichenstumpen das Fundament. In der Gegend zwischen Gudme und Lundeborg wurden nicht weniger als 1280 kg Silber aus der Erde geholt: Münzen und Plaketten, aber auch Schmuck. Gudme war das Zentrum des damaligen Handels in Skandinavien – wie und warum es unterging, weiß niemand.

Landet [128 A4]

Das Dorf (250 Ew.) auf der Insel Tåsinge weiß eine tragisch-schöne Geschichte zu erzählen. 1899 verliebte sich der schwedische Graf Sixten Sparre unsterblich in ein 13 Jahre altes Mädchen, das mit einem Zirkus über Land tingelte. Der Graf hatte Frau und Kind, das Mädchen nur seine Liebe zu dem Leutnant, der hoch verschuldet war. Das Liebespaar fand Unterschlupf bei einem Fischer in Troense. Eines schönen Sommertags machten sie einen Ausflug, von dem sie nicht

mehr zurückkehrten. Man fand das Paar eng umschlungen auf einer Jacke liegend in einem Waldstück bei Valdemars Schloss. Das Grab der beiden befindet sich auf dem Friedhof von Landet. Noch heute werden immer wieder frische Blumen auf das Grab gelegt – denn die Liebe stirbt nie. *5 km südlich von Svendborg*

Lundeborg [128 A3] Insi Tip

Ein kleiner Hafen – und so viel Atmosphäre! Das alte Packhaus, rot und groß und imposant, wurde restauriert und den Fischern von Lundeborg zum Geschenk gemacht. Fisch gibt es direkt vom Kutter, Bier schenkt die Gaststube im windgeschützten Hof des Packhauses aus, Handfestes serviert der *Lundeborg Kro (Tel. 62 25 40 45, €)*. Der *Strand* ist einer der schönsten und kinderfreundlichsten: viel Sand und wenig Brandung. Im Juli und im August fährt eine *Fähre* zwei- bis dreimal täglich hinüber nach Lohals auf Langeland *(50 Kronen, Tel. 62 25 11 00)*. Tipp für Spätaufsteher: Jeden Dienstag wird der gute Fisch von Lundeborg auch auf dem Markt von Faaborg verkauft. *5 km nordöstlich von Svendborg*

Thurø [128 A3]

Wenige Kilometer östlich von Svendborg liegt die Insel Thurø, seit 1935 durch einen Damm mit dem Festland verbunden. Thurø bietet einen der besten Badestrände Fünens. Der *Strand Smørmosen* liegt am östlichen Ende der Insel.

Troense [128 A4]

Die Stadt (1500 Ew.) auf der Insel Tåsinge gilt als eine der schönsten Dänemarks – ganz sicher ist sie eine der reichsten. Eindrucksvoll ist aber auf jeden Fall die *Strandstraße:* Reetdachidylle hier, der Sund von Svendborg dort. Das *Restaurant Lodskroen, Troense Strandvej 80, Tel. 62 22 50 44, €€€*, ist für seine Fischgerichte berühmt, *Det Lille Hotel (8 Zi., Badstuen 15, Tel. 62 22 53 41, www.detlillehotel.dk)* für die idyllische Lage und den wunderschönen Garten.

Valdemars Slot [128 A3]

⭐ Zu Christians IV. Zeiten, also um die Mitte des 17. Jhs., gehörte ganz Tåsinge zum Besitz des Schlosses, das nur knapp 2 km südöstlich von Svendborg liegt. Dänemarks absoluter Monarch hatte es für seinen Lieblingssohn Valdemar bauen lassen, aber Valdemar verbrachte nicht einen Tag auf seinem Schloss. Statt dessen nahm es Admiral Niels Juel in Besitz, der 1677 die schwedische Flotte besiegte und als Lohn Valdemars Schloss erhielt. Insgesamt 25 Räume können besichtigt werden, viele von ihnen sind noch mit den Möbeln des Seehelden Juel ausgestattet. Im Obergeschoss ist eine der größten Trophäensammlungen Dänemarks zu sehen. *Ostern bis April und Okt. Sa/So, Mai–Sept. tgl. 10–17 Uhr*

Seit 1995 befindet sich auch Dänemarks Museum für Freizeitschifffahrt auf Valdemars Schloss. Gezeigt werden mehr als 60 Boote *(Mitte Juni–Aug. tgl. 10–17 Uhr; Eintritt für beide Museen zusammen 60 Kronen).*

Im *Restaurant Slotskælderen, Tel. 62 22 59 00, www.valdemars-slot.dk, €€€*, kocht Chefkoch Finn Kromann auf Gourmetniveau. Der Chef schießt selbst, wenn es seine Zeit erlaubt. Seine Spezialität, wen wunderts: Wild aus den Wäldern Tåsinges. Im gelben Torhaus kann übernachtet werden *(Pension Valdemars Slot, 7 Zi., Tel. 62 22 59 00, Fax 62 22 69 10, €).*

Auf Tåsinge steht dieser Baum, eine der schönsten Inseln Dänemarks

So schön kann Einsamkeit sein

Gemütliche Städtchen und Inseln, auf denen kaum Menschen leben – wer Ruhe und Abgeschiedenheit sucht, hier wird er sie finden

Südsee – das klingt nach endlosen Traumstränden mit feinem, weißem Sand, der durch die Zehen rieselt, nach ewig frischer Brise, die sanft die Haut streichelt, nach Sonne, Wärme und Freiheit. Und genau deshalb wird das Inselmeer von Südfünen, wie die korrekte Bezeichnung der Gewässer südlich von Fünen lautet, als dänische Südsee bezeichnet. Natürlich ist diese Südsee kein tropisches Elysium, aber es gibt alles, was der Mensch braucht, will er in Ruhe und Frieden leben. Kleine Inseln mit verwunschenen Dörfern und abgelegenen Stränden, Wasser, so weich und so warm, dass es den ganzen Sommer hindurch eine Freude ist, sich hineinzustürzen, die Brise, die Seele und Körper erquickt, verträumte Buchten – ein kleines Paradies. Das Klima ist sanft und kennt keine wilden Seiten – die Luft ist so mild, dass man manchmal meint, ihre Samtheit mit Händen greifen zu können. Eine Laune der Natur, die die Gewässer der dänischen Südsee an vielen Stellen so flach gehalten hat, dass sie sich schnell er-

Fröhlich farbiges Badehäuschen am Vester Strand auf Ærø

wärmen. Deshalb ist das Klima so mild und das gute Wetter so beständig. Viele kleine Inseln sind unbewohnt und nur mit dem Boot zu erreichen. Auch wenn sie sich in Privatbesitz befinden – Anlegen ist immer erlaubt.

In dieser Südsee gehen die Uhren – wie in jeder Südsee – anders. Dafür sorgen allein schon die Fähren, die die Inseln mit Fünen verbinden. Einsteigen, Luft holen und die Zeit vergessen – das ist Südsee. In Dänemark.

ÆRØSKØBING

[127 F6] ★ Kaum eine Stadt in Dänemark strahlt so viel *hygge* aus wie die kleine Hauptstadt (1000 Ew.) der Insel Ærø. Sie hat das Glück, am Rand der großen Welt zu liegen, die dem Geld hinterherjagt und dabei oft vergisst, was Glück sein kann. Die Altstadt steht unter Denkmalschutz, sie ist ein Kleinod selbst in Dänemark. Nach dem Brand von 1629, der die ganze Stadt zerstörte, hat es keine großen Veränderungen mehr gegeben. So ist die Stadt beides: ein Museum und trotzdem ganz von heute.

Skandinavische Klarheit und Vielfalt der Farben prägen Ærøskøbing

Flaschenschiffsammlung

Der Seemann Peter Jacobsen, oder Flaschenpeter, wie er genannt wurde, hat im Lauf seines langen Lebens mehr als 1700 Buddelschiffe und über 50 Modellschiffe gebaut. 1943 wurde das Museum im ehemaligen Armenhaus der Stadt eröffnet. Für sein eigenes Grab baute Flaschenpeter, der einige Jahre in Deutschland lebte, ein Kreuz mit sieben Buddelschiffen. Das war der Stadt denn doch des Guten zu viel – Peters Kreuz hängt heute im Museum. Das größte Buddelschiff der Welt enthält 14 fertige Schiffe, einen Rohbau und ein Luftschiff – die Flasche hat Flaschenpeter aus Hamburg mitgebracht. *Smedegade 22, Mai–Sept. tgl. 10–17, Okt.–April Di–Do 13–15, So 10–13 Uhr, Eintritt 25 Kronen*

Dukkehuset

In der *Smedegade,* dem Buddelschiffmuseum gleich gegenüber, steht das kleinste Haus der Stadt, Puppenhaus genannt. Kaum vorstellbar, dass Menschen wie du und ich in diesem Häuschen leben konnten.

Den Gamle Købmandsgaard

Am Markt *(Torvet)* befindet sich der Kaufmannshof aus dem Jahr 1848. Heute ist in dem Gebäude ein Supermarkt untergebracht. Und doch hat man beim Einkaufen das Gefühl, um 100 Jahre der Zeit hinterher zu sein. Einen Blick lohnen die Ställe im Hinterhaus vom Anfang des 18. Jhs.

Ærø Museum

Das Heimatmuseum der Stadt widmet sich ganz dem bürgerlichen Leben in der Zeit, als »bürgerlich« Wohlstand und Ehrbarkeit und Sittsamkeit bedeutete. Mehrere Räume sind mit Möbeln aus Bürgerhäusern ausgestattet. Außerdem wird die Geschichte der Handelsstadt nach-

Insider Tipp

gezeichnet, die zu Wohlstand kam, als dänische Segler die Weltmeere befuhren. *Brogade 3–5, Mitte Mai bis Mitte Aug. Di–So 10–16 Uhr, Eintritt 15 Kronen*

ESSEN & TRINKEN

Hos Grethe
In gemütlicher Atmosphäre kommt vor allem Fisch auf den Tisch. Spezialität: warmer geräucherter Lachs und Krebse. Hübscher Garten. *Vestergade 39, Tel. 62 52 21 43, €*

Landbrogarden
Kneipe und einfaches Restaurant, schöner Garten. Traditionelle dänische Landküche. *Vestergade 54, €*

Mumm
Das etwas feinere Lokal der Stadt. Elegant gedeckte Tische, gute Weinkarte, gegrillter Steinbutt, gefüllte Scholle, Steaks. Schöner Garten im Hof. *Søndergade, €€*

Røgeriet
Die kleine Räucherei direkt am Hafen bietet Räucherfisch zum Mit-nehmen und kleine Fischgerichte. *Havnen 15, €*

EINKAUFEN

Antik
Für jeden Geschmack findet sich hier das richtige Mitbringsel: alles zwar weniger antik, dafür aber richtig kitschig. Große Auswahl. *Vestergade 60*

ÜBERNACHTEN

Ærøhus
Das Traditionshotel der Stadt. Das Haupthaus mit seinem Garten, in dem auch am Abend gegessen werden kann, verströmt bürgerliche Gemütlichkeit. Die Bungalows im großen Garten hinter dem Haus lassen diesen Charme schmerzlich vermissen. *66 Zi., Vestergade 38, Tel. 62 52 10 03, Fax 62 52 21 23, www.sima.dk/arohus, €€*

Det Lille Hotel
Gemütliche Zimmer in einem wirklich kleinen Hotel in der Altstadt. Gutes Restaurant. *6 Zi., Smedegade*

MARCO POLO Highlights
»Dänische Südsee«

⭐ **Ærøskøbing**
In der Hauptstadt der Insel Ærø geht es sehr gemütlich zu (Seite 69)

⭐ **Ristinge Hale**
Einer der schönsten Südseestrände mit Dünen aus feinstem Flugsand (Seite 76)

⭐ **Avernakø**
Zu Pfingsten wird auf dieser Insel der einzige Maibaum der Südsee umtanzt (Seite 78)

⭐ **Lyø**
Das Eiland der (beinah) vollkommenen Idylle (Seite 80)

33, Tel. 62 52 23 00, www.detlille
hotel.dk, €€

Ærøskøbing Vandrerhjem

🏃 Sicher eine der am schönsten
gelegenen Jugendherbergen Dänemarks: Vom Garten aus kann man
direkt ins Meer laufen. Fahrräder
können gemietet werden. Smede-
vejen 15 (Richtung Marstal), Tel.
62 52 10 44, Fax 62 52 16 44, €

Pension Vestergade

Insider Tipp

Eine Pension, wie sie sein muss:
schöne, große Zimmer in einem der
größten Häuser der Stadt. Sehr
großer Garten, in dem bei gutem
Wetter gefrühstückt werden kann.
Noch schöner: freundliche Ver-
mieter. 6 Zi., Vestergade 44, Tel.
62 52 22 98, €

Vindeballe Kro

Sehr angenehme und persönliche
Atmosphäre in einem Kro 3 km
außerhalb der Stadt. Gute dänische
Landküche: Schnitzel mit Krabben
und Mayonnaise, dansk bøf und
Rote Grütze mit Sahne. 8 Zi.,
Vindeballevej 1, Vindeballe, Tel.
62 52 16 13, Fax 62 52 23 49, €

FREIZEIT & SPORT

Radfahren

Verleih, Verkauf und Reparatur: Pi-
lebækkens Cykler, Pilebækken 11.
Wenn das Geschäft geschlossen ist,
können Räder per Geldautomat
ausgeliehen werden.

Segeln

Die Lille Sejlskole hat sich auf
Kurse für Kinder spezialisiert:
Sowohl Tages- als auch Wochen-
kurse werden angeboten. Tel.
63 52 70 50

Strände

Ein sehr guter Sandstrand liegt
westlich des Hafens beim Campingplatz, ein anderer am Vester Strand
mit den bunten Badehäuschen der
Einheimischen. An der Steilküste
von Vorderup auf der Südseite der
Insel ist der Strand ebenfalls bade-
tauglich, für Kinder allerdings nicht
unbedingt geeignet. Sehr gut ist
auch der Strand von Eriks Hale bei
Marstal.

Tauchen

🏃 Perlens Dykkecenter: Kurse für
Anfänger und Fortgeschrittene,
Tauchtouren in der Südsee. Tel.
62 52 26 62 (nur im Sommer)

AUSKUNFT

Ærø Turistbureau

Vestergade 1, www.aeroe-turistbu
reau.dk

ZIELE IN DER UMGEBUNG

Marstal   [128 A4]

Mit seinen 2500 Einwohnern ist
Marstal zwar mehr als doppelt so
groß wie Ærøskøbing, aber leider ist
es nicht einmal halb so schön. Dafür geht es im Hafen mit seinen
Werften noch immer richtig see-
männisch zu, ganz ohne Nostalgie
und Verklärung. Im Søfartsmuseum
sind die Trophäen und Kuriositäten
ausgestellt, die die Marstaller Kapi-
täne von ihren großen Fahrten mit-
brachten: ein Kanu von Hawaii, ein
chinesischer Hausgott, Skier aus
Grönland. Außerdem gibt es mehrere hundert Schiffsmodelle. Prinse-
gade 1, April Di–Fr 10–16, Sa 11
bis 15, Mai/Juni und Aug./Sept.
tgl. 10–16, Juli tgl. 9–21 Uhr, Eintritt 30 Kronen

Das *Hotel Marstal, Dronninge-stræde 1 a,* bietet sehr gut und preisgünstig *frokost,* das im ruhigen Garten verspeist werden kann: eine wahre und wahrhaftige Alternative zu Pommes und *pølser. 4 km von Ærøskøbing*

Næbbet [127 F5]

Im äußersten Norden der Insel steht der Leuchtturm *Skjoldnæs Fyr,* 22 m hoch und 1881 ganz aus Bornholmer Granit errichtet. Von der  Aussichtsplattform *(Eintritt 5 Kronen)* wandert der Blick bis in den letzten Winkel der östlichen Südsee. Am Strand östlich des Leuchtturms wächst eine örtliche Delikatesse: Strandkohl. Er darf gepflückt werden. Dann Blätter reinigen und ein paar Minuten in Wasser kochen. Butter dazu, und fertig ist die herbe Köstlichkeit. *5 km von Ærøskøbing*

Søbygaard [127 F5]

9 km von Ærøskøbing und 3 km hinter der Ortsgrenze von *Søby* liegt Søbygaard, das im 19. Jh. von Herzog Hans dem Jüngeren von Sønderborg gebaut wurde. Das von Wassergräben umgebene Gebäude war eine Art Trutzburg. Der Herzog, dem die ganze Insel gehörte, musste sich die Bauern vom Leib halten, die für ihn zu schuften hatten. Der Hof wird zurzeit restauriert. Im großen Saal finden schon jetzt im Sommer klassische Konzerte statt *(Informationen über das Ærø Turistbureau).*

Eine idyllische Route, bei der die Südsee immer im Blick bleibt, führt von Søbygaard nach *Bregninge.* Von Søby kommend bei Søbygaard links abbiegen, dann über *Skovby* und *Skovbymark* Richtung

Der Yachthafen von Søby ist bei Ostseeseglern sehr beliebt

Bregninge. Die Straße geht in einen Feldweg über, der auf der so genannten *Østersøroute* liegt, die einmal rund um die Ostsee führt. 1 km vor Bregninge links dem Schild »Stranden« folgen, und voilà: Einsamkeit, Badestrand und Südseefeeling.

Vorderup Steilküste [127 F6]

3 km lang und beeindruckende 30 m hoch: die Lehmklippen von Vorderup, eine Hinterlassenschaft der letzten Eiszeit. Hier tummeln sich in Wasserlöchern die berühmten *Klokkefrø* von Ærø, Frösche, deren Brunftschreie dem Ton einer tief klingenden Glocke ähnlich sein sollen. *3 km von Ærøskøbing*

Diese Brücke verbindet die Inseln Langeland und Fünen

RUDKØBING

[128 A4] Langeland ist eine Insel – ist Langeland eine Insel? Vielleicht ja, vielleicht nein. Auf jeden Fall keine gewöhnliche Insel. Dafür sorgt schon die Form – Langeland ist das lange Land. 53 km von Norden nach Süden, 11 km von Ost nach West an der breitesten Stelle, im Durchschnitt sind es 5 km. Im Westen verwunschene Küstenabschnitte mit Sandstränden, im Süden beinah eine Wildnis, im Norden rau und unzugänglich, im Landesinnern immer wieder kleine Wälder zwischen weiten Feldern – Langeland ist ein Land mit vielen Temperamenten. Eine Insel? Ja, vielleicht auch das.

Mit seinen knapp 5000 Einwohnern ist Rudkøbing eigentlich nicht mehr als ein Provinzstädtchen. Aber vielleicht ist es die Nähe zu Fünen, vielleicht die Rolle als Provinzhauptstadt, womöglich sogar beides zusammen, was aus einem größeren Dorf eine richtige Stadt macht. Hinter dem Marktplatz erstreckt sich eine idyllische Altstadt, die in den letzten Jahren kräftig auf Vordermann gebracht worden ist.

SEHENSWERTES

Den Gamle Apotek

Eine Apotheke wie vor 200 Jahren. Zu sehen ist die vollständig erhaltene Einrichtung sowie als Höhepunkt ein Dampflaboratorium. In dem privaten Apothekergarten hinterm Haus *(Mo und Mi 11 Uhr Führungen)* steht eine 300 Jahre alte Kastanie, es wachsen jede Menge Heilkräuter. *Brogade 15, Mitte Juni–Aug. Mo–Fr 11–16 Uhr, Eintritt 15 Kronen*

Søfartsudstilling

Die maritime Geschichte Langelands: Holzkähne, Jollen, Kutter und allerlei Ausrüstungsgegenstände. Interessant: eine Sammlung mit Teilen gesunkener Schiffe. Jedes Jahr wird eine Sonderausstellung arrangiert, und wer Glück hat, kann Nimbus-Motorräder bestaunen, die einzige dänische Marke der jüngeren Neuzeit. Gemütlicher Garten, in dem gepicknickt werden darf. *Østergade 25, April–Mitte Okt. Mo–Fr 10–16, Sa 10–13 Uhr, Eintritt frei*

MUSEUM

Langelands Museum

Die ganze Geschichte der Insel im Fokus: von der Steinzeit fast bis heute. Silber, Fayencen und Glas, Werkzeuge von Steinzeitmenschen und die Arbeitsprobe eines der ersten Zahnärzte der Steinzeit – wie sehr ist man angesichts dessen froh, hier und heute zu leben. *Jens Winthersvej 12, Mo Do 10 16, Fr 10 bis 13 Uhr, Eintritt 20 Kronen*

ESSEN & TRINKEN

Det Gamle Hotel Rudkøbing

Halb in der Stadt, halb am Hafen – das bedeutet: schöner Blick in Ruhe. Die Küche bietet hausgemachtes Eis, Dorsch in Weißweinsauce, Steinbutt in Calvados und eine dänische Spezialität – *æggekage*, eine Art Eierspeise. *Havnegade 2, Tel. 62 51 36 18, €*

EINKAUFEN

Keramik

Lizzi und Leif verkaufen in ihrem kleinen Laden in der *Sidsel Bagersgade 10* eigene Arbeiten: sehr elegant, mit unverkennbarem Duktus, nordisch helle Farben. Nicht wirklich billig, aber auf jeden Fall einen Blick wert.

Toftegaards Antikovne

Insider Tipp

Sehr schöne Auswahl an restaurierten schmiedeeisernen Öfen, 8 km östlich von Rudkøbing an der Straße nach Spodsbjerg. *Sønder Longelse, Havgaardsvej 18, www.toftegaardsovne.dk*

ÜBERNACHTEN

Danske Feriecentre Rudkøbing Skudehavn

Moderne bungalowartige Anlage direkt am Hafen mit Aussicht auf die Brücke nach Tåsinge. *32 Zi., Havnegade 21, Tel. 62 51 46 00, Fax 62 51 49 40, www.danske-feriecentre.dk, €€*

Skrøbelevgaard

4 km östlich von Rudkøbing wohnt man beinahe wie im Herrenhaus, mit viel Platz und großem Garten. Kleine Galerie, einfaches Restaurant. *10 Zi., Ny Skrøbelev, Skrøbelev Hedevej 4, Tel. 62 51 45 31, Fax 62 51 27 00, €*

FREIZEIT & SPORT

Golf

Ganz in der Nähe von *Emmerbølle* an der nordwestlichen Küste Langelands liegt der einzige und erst vor wenigen Jahren eingeweihte Golfplatz der Insel *(18-Loch-Anlage, Tryggelev, Østerskovvej 49 b, Tel. 62 57 22 17)*.

Rustikalgolfer sind mit dem *Campingplatz* von Emmerbølle sicher gut bedient. Wer nicht zelten will, kann sich eine Hütte mieten, der Strand liegt gleich vor der Tür; jede Woche Livemusik und zum

Austoben eine Multisportarena. *Tranekær, Emmerbøllevej 24, Tel. 62 59 12 26, Fax 62 59 12 28, www.emmerbolle.dk*

Tauchen

Wenn Mama und Papa rund um Langeland abtauchen, nimmt sich das *Dykkercenter Langeland* der lieben Kleinen an. Das nennt man kinderfreundlich. Das Center bietet Tauchkurse für Anfänger an und organisiert Touren. *Klæsøvej 4, Tel. 62 51 14 44, www.dykkercenter langeland.dk*

Strände

Einer der besten Strände der Südsee liegt auf der Halbinsel Ristinge bei ★ 🏃 *Ristinge Hale,* 15 km südlich von Rudkøbing. Die Dünen sind aus feinstem Flugsand modelliert. Ebenfalls sehr gut: *Ristinge Strand* und *Nord Strand* an der äußersten Nordspitze Langelands, 30 km von Rudkøbing.

AUSKUNFT

I-Bureau Team Langeland
Torvet 5, Tel. 62 51 35 05, Fax 62 51 43 35, info@teamlangeland. com

ZIELE IN DER UMGEBUNG

Bagenkop [128 A5]

Von Bagenkop fahren nicht nur im Sommer die Fähren nach Kiel, hier wurde auch Geschichte geschrieben. Der Besatzung der Stellung Langelandsfort soll das Verdienst zukommen, entdeckt zu haben, dass russische Frachter merkwürdig große Rohre transportierten – das waren damals Raketen für Kuba. Heute ist die Überwachungsstation Museum, im ehemaligen Waffenmagazin ist sinnigerweise die Dauerausstellung »Der kalte Krieg« zu sehen. *Vognbjergsvej 4 b, Mitte Mai–Sept. Mo–Fr 10–17 Uhr, Eintritt 30 Kronen. 25 km südlich*

Naturstrand mit ferner Steilküste auf der Halbinsel Ristinge

Udsalg

Es gibt wohl keinen Dänemarkbesucher, der dieses Wort nicht kennen lernt

Der große Ausverkauf: Zu jeder Jahreszeit und eigentlich überall sieht man Schilder mit dem Wort *udsalg:* Ausverkauf. Es ist eine Leidenschaft, die zur Gewohnheit geworden ist, weil das Gefühl immer angenehm ist, etwas billiger als sonst bekommen zu können. *Udsalg* bedeutet eigentlich nichts anderes als die Aufforderung, doch bitteschön in diesem oder jenem Geschäft etwas zu kaufen. Es ist ein Lockruf; und was lockt, ist der kleine Vorteil, der aus einer profanen Handlung einen Akt der Vernunft macht. *Udsalg* ist reinste Psycholgie – und es wirkt.

Dovns Klint [128 A5]

Insider Tipp

Die äußerste Südspitze Langelands ist das Dorado der Südseeornithologen. An manchen Tagen rasten hier 100 000 Buchfinken und 25 000 Ringeltauben, außerdem kreisen hier Turmfalken und sogar Fischadler. Nicht verwunderlich, dass die Gewässer vor Dovns Klint zu den fischreichsten der Südsee zählen. *30 km von Rudkøbing*

Lohals [128 B3]

Kutterfahrten bietet *Ole Dehn Marine, Søndergade 22.* Alles für den Freund von Jagdtrophäen hat das *Tom Knudsens Safarimuseum (Juni bis Aug. tgl. 14–16 Uhr, Eintritt 20 Kronen).* Tom Knudsen brachte es in Amerika mit Milchprodukten zu Reichtum, den er auf Großwildjagden in Afrika, Kanada, Indien und den USA in Trophäen umwandelte: die größte Sammlung ihrer Art außerhalb Kopenhagens. *30 km von Rudkøbing*

Longelse [128 A4]

Zwischen Nord- und Südlongelse südlich von Spodsbjerg liegt einer der ältesten und beeindruckendsten Wälder Dänemarks – ein veritabler Urwald. Auf 9 ha wachsen seit knapp 300 Jahren Eichen, Buchen und Kiefern, ohne dass der Mensch eingegriffen hätte. Seit 1972 gehört das Gelände Dänemarks Naturfond. *12 km von Rudkøbing*

Skovsgaard [128 A4]

Insider Tipp

Wenn sich 15 000 Menschen einen Bauernhof teilen, müsste doch der Ärger programmiert sein. Denkste. Skovsgaard ist ein mehr als 200 ha großer, ökologisch wirtschaftender Musterbetrieb, der Danmarks Naturfond – und damit dessen 15 000 Mitgliedern – gehört. Skovsgaard ist ein Musterprojekt: Museum und Bauernhof in einem. Die letzte Besitzerin hinterließ das Hauptgebäude 1972 so, wie sie es von ihren Vorfahren übernommen hatte – es gab nicht einmal elektrisches Licht. So ist ein Besuch auf Skovsgaard ebenso eine Reise in die Vergangenheit wie ein Ausblick auf die (ökologische) Zukunft. In einem ehemaligen Pferdestall stehen einige schöne Karossen, wie sie vor 150 Jahren in Gebrauch waren. Vom Hauptgebäude aus lassen sich schöne Wanderungen unternehmen. Interessant und natürlich auch sehr schön ist der *Skovstien,* ein Waldweg, der vom Gut durch einen Ahornwald und an einem Wikingergrab vorbei zum Meer führt. *Mitte Mai–Okt. Mo–Fr 10–17, So 13–17 Uhr, Eintritt 30 Kronen. 10 km von Rudkøbing*

Skrøbelev [128 A4]

Auf halbem Weg zwischen Rudkøbing und Spodsbjerg liegt mit dem *Aquarium Langeland* eines der abwechlungsreichsten Aquarien seiner Art. Hier schwimmen nicht nur 10 000 Fische in 33 Becken, hier geht es in einem Tropenraum richtig schwül zu, und in zehn Volieren flattern Tukane, Beos und viele kleinere Vogelarten. *Spodsbjergvej 193, tgl. 10–18 Uhr, Eintritt 20 Kronen. 5 km von Rudkøbing*

Spodsbjerg [128 A4]

Der kleine Hafen, in dem auch die Fähre nach Nakskov auf Falster anlegt, wird im Sommer oft derart von Segel- und Motoryachten frequentiert, dass die Fischer nicht auslaufen können. Sonst bietet Spodsbjerg nicht viel, es sei denn für Petrijünger: 300 m vom Hafen entfernt liegt das *Angelcentrum Langeland* und hat alles, was der Sportfischer braucht. Hier können auch Kutterfahrten gebucht und Boote ausgeliehen werden. *Spodsbjergvej 299 bis 301, Tel./Fax 62 50 14 13, www.angelzentrum.dk*

Tranekær [128 A4]

TICKON, das ist nicht etwa der Name eines E-Commerce-Unternehmens, sondern ein Kunstprojekt. 21

Künstler durften im Park hinter Schloss Tranekær ihre Skulpturen platzieren – eine der schönsten ständigen Freiluftausstellungen. Das Schloss selbst kann nicht besichtigt werden, dafür steht der 75 ha große Park Besuchern offen. Immerhin: im *Tranekær Schlossmuseum* kann man sich einen Eindruck von der ursprünglichen Möblierung des Schlosses machen *(Slotsgade 95, Juni–15. Sept. Mo bis Fr 10–17, Sa/So 13–17 Uhr, Eintritt 20 Kronen, mit Schlosspark 35 Kronen).*

Sehr hübsch am Schlosssee liegt *Tranekær Slotspavillon,* der an ein japanisches Teehaus erinnert. Hier gibt es alle möglichen Sorten Eis in frischen Waffeln *(Mai–Mitte Sept.).* Sehr schön und herrschaftlich wohnt es sich in der *Nedergaard Herregaardspension, 4 Zi., Nedergaardsvej 10, Fæbæk, Tel./Fax 62 59 13 16, €,* in der Nähe des Schlosses. Eine kleine Kuriosität versteckt sich am Wegrand: der *Tobaksladen.* Im Zweiten Weltkrieg wurde auf Langeland Tabak angebaut, ohne Zweifel ein übles Kraut. In der reetgedeckten Hütte, in der damals der Tabak getrocknet wurde, erzählt eine Ausstellung die Geschichte der Langeländer Tabakkultur *(Stengadevej 24, April–Mitte Okt. tgl. 10–18 Uhr, Eintritt frei). 15 km von Rudkøbing*

DIE KLEINEN INSELN

Avernakø [127 F5]

★ Eigentlich besteht Avernakø aus zwei Inseln, aber ein 1937 gebauter Damm verbindet die ehemals eigenständigen Eilande Avernakø und Korshavn. Avernakø (120 Ew.) ist

Poul Henningsen

PH hat mit seinen Lampenentwürfen Designgeschichte geschrieben

Er war ein Enfant terrible und ein heller Kopf. Von Poul Henningsen, genannt PH, gesprochen Pe Ho, stammen die Lampen, die man überall in Dänemark sieht: Sie hängen und stehen in beinah allen öffentlichen Institutionen, in fast allen Wohnungen, in Hotels und Restaurants, ja sogar auf den Straßen. Sein berühmtester Entwurf ist eine Lampe, die aus drei verschieden großen Schirmen besteht und so konstruiert ist, dass kein direktes Licht das Auge treffen kann. Henningsens Entwurf stammt aus den 1920er-Jahren, damals war das Prinzip der indirekten Beleuchtung revolutionär. Seltsamerweise hat seine Lampe im Ausland nie wirklich Erfolg gehabt. Dafür erhellt sie beinahe ganz Dänemark – bis heute und in immer wieder aktualisierten Versionen.

mit immerhin 19 km Küste die längste unter den kleinen Südseeinseln. Im Sommer schön: Im Osten bei Ravnebjerg wachsen Blumen auf sandigem Untergrund. Avernak und Korshavn erheben sich an ihren höchsten Stellen mehr als 20 m über den Meeresspiegel: herrliche Aussichten auf die Südsee. *Fährverbindung von Faaborg. Preben Lund Jensen (Hovedvejen 79, Tel. 62 61 71 21)* vermietet modern und zweckmäßig eingerichtete Ferienwohnungen. Auf Avernakø gibt es einen kleinen Kaufmannsladen. Die große Festlichkeit der Insel ist das *Aufstellen des Maibaums* am Pfingstsonnabend – an diesem Tag feiert die ganze Insel.

Birkholm   [128 A4]
Die kleinste unter den Kleinen: knapp 1 km² und drei Einwohner. Die Fischerbrüder Mortensen leben seit mehr als 50 Jahren hier – sie teilen sich die Insel mit Grethe Ramdrup, die im Sommer ein kleines, hübsches *Café* unterhält. Das ehemalige *Versammlungshaus* der Insel kann gemietet werden *(Tel. 62 54 15 01)*, ansonsten gibt es nur noch einen einfachen Zeltplatz am Seglerhafen. Westlich des Hafens liegt ein kleiner *Badestrand,* zweimal täglich verkehrt ein Postboot zwischen Marstal auf Ærø und Birkholm – der Rest ist Ruhe und Schweigen.

Bjørnø   [127 F5]
Knapp 40 Menschen leben auf 1,5 km², und trotzdem scheint das Leben auf Bjørnø alles andere als langweilig zu sein. Die Insel ist jedenfalls eine der wenigen, deren Bevölkerung wächst. *Bjørnø By* ist ein idyllisches kleines Dorf mit reetgedeckten Fachwerkhäusern, im Norden gibt es einen passablen *Badestrand,* die Landschaft ist geprägt von der letzten Eiszeit, die Hügel und Täler zurückließ. *Fährver-*

bindung nach Faaborg. *Bed & Breakfast* bietet *Lis Jørgensen (Tel. 62 61 31 86, €), Ferienwohnungen* auf ihrem Bauernhof vermieten *Ebba und Bent Hansen (Tel. 62 61 14 22, €€).*

Drejø   [127 F5]

80 Einwohner, 426 ha groß, 5 km lang, eine Kirche aus dem Jahr 1535 (Schlüssel kann beim Pastor abgeholt werden) und ein idyllischer Fischerhafen, der den großen Brand überdauerte, der 1942 Drejø By in Schutt und Asche legte. Nur die eine Hälfte der Insel wird landwirtschaftlich genutzt, der Rest darf verwildern. Ein schöner *Badestrand* mit feinem Sand befindet sich bei *Bækskilde* an der Südküste der Insel. Auf der einen Seite lieblich, auf der anderen rau und unzugänglich – Drejø hat mehr als eine Schokoladenseite. *Fährverbindung nach Svendborg. Fahrradverleih: Drejø Brovej 9, Tel. 62 21 31 11.* Private Unterkunft ist möglich – Auskunft gibt der *Kaufmann in Drejø By, Vigsvej 1, Tel. 62 21 47 87,* der Fahrräder verleiht und auch den örtlichen Kro unterhält *(Mitte Juni–Mitte Aug.).* Im *Kulturhuset Lillebo* zeigt ein Modell, wie schön Drejø By vor dem großen Feuer war. Zwei sehr schöne *Sommerhäuser* in Drejø By vermietet *Esther Madsen, Strædet 5, Tel. 62 21 99 34.*

Hjortø   [127 F5]

Eine der kleinsten unter den bewohnten Inseln der Südsee: 15 Einwohner auf 1 km² Fläche. Hjortø ist die Haseninsel der Südsee: hier lebt ein großer Bestand der Langohren, auf die noch bis vor wenigen Jahren einmal im Jahr zur Jagd geblasen wurde. Ein kleiner, abenteuerlicher

Ausflug ist eine Wanderung zu der vorgelagerten Insel *Hjelmshoved* – nur bei niedrigem Wasserstand eine wirkliche Freude für unerfahrene Wassergänger. *Fährverbindung von Svendborg. Einfacher Zeltplatz beim Hafen*

Lyø   [127 F5]

★ Die 605 ha große Insel mit ihren knapp 130 Einwohnern gilt als das Kleinod der Südsee. Viele Häuser in Lyø By sind reetgedeckt, in manchen finden sich immer noch Fenster aus mundgeblasenem Glas. Ganz im Norden der Insel liegt der *Klokkesten,* eine Langdolmenkammer aus der jüngeren Steinzeit: wer ihm einen glockenähnlichen Klang entlockt, der darf sich etwas wünschen. Im *Kro von Lyø* werden Scholle, Wienerschnitzel, Heringsplatte und hausgemachte Muffins serviert, der Garten ist hübsch verwunschen. Zwei bis drei Stunden dauert eine Rundwanderung am Inselsaum entlang: ein kleines Abenteuer auf unbefestigten Wegen, das sich schon wegen der manchmal atemberaubenden Ausblicke lohnt. *Eine Fähre fährt von Faaborg mehrmals täglich.* Es gibt einen primitiven *Zeltplatz,* man kann *Sommerhäuser* und *Wohnungen* mieten *(Info Turistbureau Faaborg),* am Hafen vermietet der Hafenmeister *Fahrräder. Fischverkauf Mo–Sa 16–17 Uhr*

Skarø   [127 F5]

22 Einwohner, aber 50 Vogelarten, und das alles auf 2 km². Immerhin: Die Insel wird von Deichen gegen Überflutung geschützt, und man hat begonnen, einen richtigen Wald mit ausschließlich einheimischen Gehölzen anzulegen. Einmal im Monat kommt der Pastor von Drejø

mit dem Boot herüber, um in der kleinen Backsteinkirche Gottesdienst zu halten. Gute Badestrände gibt es nicht, dafür haben Schwäne die Südküste zu ihrem Dauerrastplatz gemacht. *Fährverbindung von Svendborg*

Strynø   [127 F5]

Mit seinen über 200 Einwohnern zählt Strynø zu den großen Gemeinden der Südsee. Aber auch hier droht Abwanderung. Um dem entgegenzuwirken, bietet die Gemeinde Inselwilligen die Möglichkeit, die Insel zu testen. Wer will, bekommt für drei Monate eine Wohnung gestellt – danach sieht man weiter. Der *Kro von Strynø, Stjernegade 4,* bietet gefüllte Scholle, gebratene Aal und *dansk bøf,* außerdem eine überraschend gute Weinkarte. Gleich gegenüber wartet das einzige Taxi der Insel auf Kundschaft. Nicht dass man wirklich eins brauchte, denn die Wege auf Strynø sind kurz und die Stunden zwischen den Abfahrten der Fähre lang. Aber wer ein richtiges Gemeinwesen sein will, der braucht eben ein Taxi.

Die *Holländermühle* am östlichen Ende der Insel war noch bis 1961 in Betrieb – jetzt ruht sie still. Im August und September schwimmen in der geschützten Bucht Tausende von Schwänen, die hier ihr Gefieder wechseln. Gleich am Fähranleger liegt ein annehmbarer *Strand,* es gibt einen *Campingplatz.* Die Attraktion der Insel ist das *Øhavets Smakkecenter.* Die Smakke ist ein extrem flacher Kahn, mit dem die Einheimischen die dänische Südsee befuhren. Wer will, kann eine Smakke mieten und im flachen Wasser vor der Hafeneinfahrt kreuzen *(Strynø Brovej 12, Tel. 62 51 55 99). Fährverbindung von Rudkøbing*

Umwelt

Dänemark ist sauber:
und das nicht nur in einer Hinsicht

Es dürfte kaum ein anderes Land geben, dessen öffentliche Wege so gepflegt, ja geradezu geleckt daherkommen. Fast als wäre es ein Sakrileg, etwas unter sich zu lassen. Die Blaue Flagge, die an Stränden mit garantiert für gut befundenem Wasser weht, flattert ca. 250-mal im Wind. Für die Industrie gelten die schärfsten Vorschriften – und niemand beklagt sich. Denn die Dänen haben sehr schnell begriffen, dass Ökologie kein Luxus, sondern ein Pfund ist, mit dem sich wuchern lässt. Ein Beispiel ist die Windenergie, ein Bereich, in dem dänische Firmen weltweit führend sind. Es ist wirklich kein Wunder, dass die dänischen Gewässer zu den saubersten in Europa zählen: Die Kontrollen sind scharf. Und vor allem: es herrscht ein öffentliches Bewusstsein, das Umweltsünder rigoros moralisch abstraft. Den Rest erledigt der Staatsanwalt.

Am schönen Strand des Großen Belts

Reich und schön und mächtig: Seeland ist die Insel der Könige. Und Kopenhagen wird bald die Metropole des Nordens sein

Auf Seeland wohnen 2,4 Mio. Menschen. Das sind 44 Prozent aller Dänen. Jütland hat 2,6 Mio. Einwohner, aber auf eine dreimal größere Fläche verteilt. Seeland ist also verhältnismäßig dicht besiedelt, für dänische Verhältnisse. Aber hat man erst einmal die Hauptstadt und ihre ausufernden Vorstädte verlassen, dann ist auch Seeland reinstes Dänemark: ländlich, ruhig, überschaubar. Das gilt im Norden, wo die besten Strände liegen, ebenso wie im Süden auf der Insel Møn. Aber Seeland ist auch die Insel der Reichen und Mächtigen, der Könige und Reeder, der Schönen und der Neureichen. Eine Fahrt auf dem Strandvejen von Kopenhagen nach Helsingør öffnet jedem die Augen: wer wissen will, wie viel Schönes mit viel Geld geschaffen werden kann, der wird aus dem Staunen nicht mehr herauskommen. Auch wenn die Phalanx der dicht stehenden, perfekt abgeschotteten Anwesen niemals durchstoßen wird. Aber Geld ist bekanntlich nicht alles – zum ewigen Trost aller Durchreisenden.

Die Kreidefelsen von Møn locken alljährlich Tausende Touristen an

Kopenhagen, Kuppel der Glyptothek

KOPENHAGEN

Karte in der hinteren Umschlagklappe

[125 E–F 5–6] Eigentlich besteht die dänische Hauptstadt (1,2 Mio. Ew.) aus zwei voneinander völlig unabhängigen Teilen. In der Altstadt tobt das Nacht-, Kultur- und Geschäftsleben, hier geht es um große und kleine Politik. Außerhalb dieses eng umrissenen und gut überschaubaren Gebiets verliert sich die Stadt im Unüberschaubaren: Vorstädte, Autobahnkreuze, Wildwuchs. Denn Kopenhagen wächst – immer noch, und immer stärker. Mit dem Bau der Brücke über den Øresund hat eine neue Epoche für die Øresundregion begonnen. Der wirtschaftli-

Schloss Amalienborg, der Kopenhagener Wohnsitz der Königsfamilie

che Aufschwung ist unübersehbar, der kulturelle ist auch schon da. Kopenhagen ist eine Stadt im Aufbruch – swinging Kopenhagen. Ausführliche Informationen zur Hauptstadt Dänemarks finden Sie im MARCO POLO Reiseführer »Kopenhagen«.

SEHENSWERTES

Amalienborg Slot   [U E–F 2–3]
Amalienborg ist das Zentrum der so genannten Friedrichsstadt, die auf Anordnung Frederiks V. ab 1748 aus dem Boden gestampft wurde, damals noch außerhalb der Stadtbefestigungen. Ist die Königin anwesend, wird der Wachwechsel, der täglich um 12 Uhr stattfindet, mit Musik zelebriert; ist sie verreist, muss es auch ohne Musik gehen.

Kleine Meerjungfrau   [U F1]
★ Ganz und gar unschuldig sitzt die kleine Person, geschaffen von Edward Eriksen, auf einem Stein am Ende der Langelinie, der schönen Hafenpromenade Kopenhagens. Gestiftet hatte sie Carl Jacobsen, Herr über die Carlsbergbrauerei und ein großer Mäzen. Die kleine Meerjungfrau hatte es nie leicht. In den 1960er-Jahren verlor sie ihren Kopf, später büßte sie die Arme ein. In den 1990er-Jahren wurde sie noch einmal kopflos, das schöne Haupt wurde aber wieder aufgefunden. Ist es da ein Wunder, dass das unschuldige Wesen den bösen Menschen den Rücken zukehrt?

Nyhavn   [U E3]
🏃 Die Vergnügungsmeile Kopenhagens: keine 300 m lang, aber von

allem etwas. Kneipe an Kneipe, Restaurant neben Restaurant, Tische so dicht nebeneinander, dass es kaum ein Durchkommen gibt. In dem Kanal, an dem vor 200 Jahren die Segler aus aller Welt festmachten, liegen heute Freizeitskipper mit ihren Booten und ehemalige Feuerschiffe. Die Atmosphäre ist so maritim und aufwühlend, dass man sich kaum vorstellen kann, dass in dem Haus Nyhavn 20 der Märchendichter Hans Christian Andersen gelebt hat – und Ruhe fand.

Tivoli [U B–C5]

★ Es war ein Journalist, der 1843 vor den Toren Kopenhagens den ersten Vergnügungspark eröffnete. Sehr schnell wurde aus dem Park jenseits der ehemaligen Wallanlagen ein Ort für die ganze Familie. Karussells drehen unter freiem Himmel ihre Runden, Kinder, und nicht nur sie, können sich dem Zauber des Theaters nicht entziehen, das kostenlos und in freier Luft Komödien und Märchen zum Besten gibt. *Ende April–Ende Sept. tgl. ab 11 Uhr; Eintritt 40 Kronen*

MUSEEN

Christiansborg Slot [U D4]

Zweimal wurde das Stadtschloss der dänischen Könige, heute unter anderem Sitz des Folketings, des dänischen Parlaments, von Feuern verwüstet; zuletzt 1884. Die jetzige Fassung stammt von dem Architekten Thorvald Jørgensen, der das Schloss in barockisierender Form wieder auferstehen ließ. Die königlichen Repräsentationsräume können ebenso besichtigt werden wie der 40 m lange Rittersaal und die Ruinen des ersten Schlosses, das 1167 von Bischof Absalon, dem Gründer Kopenhagens, gebaut wurde. *Führung in deutscher Sprache durch die königlichen Räume Juli/Aug. tgl. 11, 13 und 15, sonst außer Jan. Di, Do und So 11 und 15 Uhr; Eintritt 40 Kronen. Ruinen:*

Insider Tipp

MARCO POLO Highlights »Seeland«

★ **Frederiksborg**
Prächtiges Schloss mit wundervollem Garten (Seite 88)

★ **Kreidefelsen von Møn**
100 m hohe Steilküste aus Kreide (Seite 90)

★ **Humlebæk/Louisiana**
Beeindruckende Kunstsammlung und phantastische Aussicht vom Park (Seite 89)

★ **Wikingerzentrum**
Die Hinterlassenschaft der großen Seefahrer ist in Roskilde zu bewundern (Seite 91)

★ **Tivoli**
Der erste Vergnügungspark der Welt (Seite 85)

★ **Kleine Meerjungfrau**
Das Wahrzeichen Kopenhagens an der Hafenpromenade (Seite 84)

Mai–Sept. tgl. 9.30–15.30, Okt. bis April Di–Fr und So 9.30–15.30 Uhr, Eintritt 20 Kronen

Ny Carlsberg Glyptothek [U C5]

1888 stiftete der Brauereibesitzer Carl Jacobsen der Stadt ein Haus, das seine Sammlung antiker Skulpturen aufnehmen sollte. Daraus wurde ein Museum mit einem faszinierenden Bestand. Zu sehen sind Jacobsens Sammlung, Sarkophage aus Ägypten, Skulpturen von Auguste Rodin und eine der weltweit bedeutendsten Sammlungen französischer Impressionisten von Paul Cézanne bis Claude Monet. *Dantes Plads 7, Di–So 10–16 Uhr, Eintritt 30 Kronen*

Rosenborg [U D2]

Das königliche Lustschloss Christians IV. wurde 1607–17 vor den Toren der Stadt erbaut. Und noch immer liegt es wie ein perfektes Märchenschloss inmitten eines Parks, in dem sich im Sommer die Jugend der Stadt bräunt. Heute werden in dem Bau im Stil der holländischen Renaissance außer königlichem Porzellan und Silberzeug auch die größten Kleinodien der Royals gezeigt. *Eingang Øster Voldgade 4 a, Jan–April und Nov.–Mitte Dez. Di bis So 11–14, Mai–Sept. tgl. 10–16, Okt. 11–15 Uhr, Eintritt 50 Kronen*

ESSEN & TRINKEN

Den Gyldne Fortun [U D4]

Sehr gutes Fischrestaurant, kleine Gerichte, perfekt zubereitet. Sehr angenehme Atmosphäre. *Ved Stranden 18, Tel. 33 12 20 11, €€€*

Den Økologiske Café [U A2]

Wie der Name verspricht: alle Gerichte werden ausschließlich mit ökologisch erzeugten Rohwaren hergestellt. *Griffenfeldsgade 17, Tel. 35 36 34 17 €€*

Für manch einen sind die Abende in Kopenhagen viel zu kurz

EINKAUFEN

Die Einkaufsstraße der Hauptstadt, *Strøget,* windet sich 1,5 km lang vom Rathausplatz bis Kongens Nytorv **[U C–E 3–4]**. Hier gibt es beinah alles, was der Mensch zum Leben braucht. Das gewisse Etwas kann man in *Illums Bolighus* bestaunen, dem edelsten Einrichtungshaus des Landes. *Magasin du Nord* ist das dänische Pendant zum Berliner Kaufhaus des Westens (KdW) – entsprechend sind die Preise. Von Strøget zweigt die 🏃 *Ny Østergade* ab – hier wechseln Cafés mit exklusiven Boutiquen, Restaurants mit eigenwilligen Läden.

ÜBERNACHTEN

Admiral   **[U E3]**
Luxuriöse Zimmer in einem ehemaligen Speicher mit Aussicht auf den Hafen. Zentral gelegen, sehr ruhig. *366 Zi., Toldbodegade 24, Tel. 33 74 14 14, Fax 33 74 14 16, www.admiral-hotel.dk,* €€€

Savoy   **[U B5]**
Ein etwas altertümliches Hotel mit familiärer Atmosphäre in einem Hinterhof; ruhige Zimmer. *66 Zi., Vesterbrogade 34, Tel. 33 26 75 00, Fax 33 26 75 01,* €€

AM ABEND

Det Elektriske Hjørne   **[U D3]**
Das Café für Spieler und andere Süchtige. *Store Regnegade 12*

Hard Rock Café   **[U B5]**
Laute Musik in der Luft und die abgelegten Jeans von Rockstars an den Wänden: rau, aber nicht ungemütlich. *Vesterbrogade 3*

Pause vom Shoppen bei Illums

Puk   **[U C4]**
Gemütliche Kneipe, in der auch kleinere Gerichte serviert werden. *Vandkunsten 8*

Victor's   **[U D3]**
Der Treffpunkt für alle, die sehen oder gesehen werden müssen. *Ny Østergade 8*

Vita   **[U E3]**
Für den späten Hunger: Ente mit Pflaumen oder Schnitzel mit Petersiliensauce. *Store Kongensgade 25*

AUSKUNFT

**Københavns
Turistinformation**   **[U B5]**
Bernstorffsgade 1, Tel. 33 11 13 25, Fax 33 93 49 69, www.woco.dk
   Die *Copenhagen Card,* einen (175 Kronen), zwei (295 Kronen)

oder drei Tage (395 Kronen) gültig – bei einer Erwachsenenkarte sind zwei Kinder bis zu neun Jahren inbegriffen – ermöglicht freien Eintritt in allen Museen, freie Fahrt mit öffentlichen Verkehrsmitteln und Rabatte bei anderen Aktivitäten.

ZIELE IN DER UMGEBUNG

Frederiksborg [125 E 4]

★ Das Schloss der Könige, prachtvoller als alle anderen; ein imposantes Herrschaftsgebäude, das 1859 bis auf die Schlosskirche ausbrannte, 1884 wieder aufgebaut war und heute schöner dasteht als je zuvor. Der Barockgarten war einmal der bedeutendste Skandinaviens – und er ist es wieder. Nach Jahren der Rekonstruktion steht er in vollster Blüte mit seinen schnurgeraden Terrassen, seinen Kaskaden und Blumenbeeten. Der Rundgang durch die 70 Räume ist eine Wanderung durch die dänische Geschichte der vergangenen 500 Jahre. Selten ist ein Schloss derart

prächtig angelegt worden, selten ist die Wirkung auf den Besucher so überwältigend. Vor dem eigentlichen Schlossbereich hat man ein Restaurant eingerichtet – es ist also für alles gesorgt. *Hillerød, tgl. April–Okt. 10–17, Nov.–März 11 bis 15 Uhr, Eintritt 45 Kronen. 10 km nördlich von Kopenhagen*

Gilleleje [125 E4]

Strand und Dünen, so weit das Auge reicht. Der Fischerort (1500 Ew) erfreute sich wie das benachbarte *Tisvildeleje* schon immer vor allem bei den Kopenhagenern, die sich kein eigenen Sommerhaus leisten können, größter Beliebtheit. Gilleleje ist aber dennoch weit davon entfernt, ein Billigbadeparadies zu sein. Ganz im Gegenteil. Hier geht es gepflegt, wenn eben auch nicht mondän zu. Die Dünen erstrecken sich über Kilometer, das Wasser ist nicht so aufgewühlt wie an der Westküste, es gibt jede Menge Buden und Restaurants. *50 km nördlich von Kopenhagen*

Peter Høeg

Oder wie man mit Eis und Schnee Erfolg haben kann

Der Roman »Fräulein Smillas Gespür für Schnee«, eine Kriminalgeschichte mit tödlichem Ausgang, machte Peter Høeg mit einem Schlag weltberühmt. Es war ein Paukenschlag, denn mit diesem Erfolg hatte der in Kopenhagen sehr bescheiden lebende Autor nie und nimmer gerechnet. Dem Roman, es war der zweite Høegs, ist es zu verdanken, dass dänische Literatur seitdem mehr als je zuvor beobachtet wird. Der Schriftsteller lebt immer noch in Kopenhagen, den Trubel um seine Person hat er von sich abprallen lassen – und erst einmal einen Liebesroman geschrieben. Eine äußerst intelligente Art, sich dem Unvermeidlichen zu entziehen.

Helsingør [125 F4]

Die größte Provinzstadt Seelands (45 000 Ew.) war schon immer eine Art Grenzstadt. Als Dänemark und Schweden verfeindete Brüder waren, standen hier die Kanonen, die den Øresund überwachten. In den Kasematten von *Schloss Kronborg* ruht Holger Danske, eine Skulptur des Bildhauers Pedersen-Dans. Von ihr heißt es, der schlafende Riese werde erwachen, wenn Gefahr für das Land drohe. Sein oder Nichtsein: Auch Shakespeare ließ seinen Prinzen Hamlet auf Schloss Kronborg dramatisch werden, das über den größten und wohl auch schönsten Rittersaal Dänemarks verfügt *(Mai–Sept. tgl. 10.30–17, April und Okt. Di–So 11 bis 16, Nov.–März Di–So 11–15 Uhr, Eintritt 30 Kronen).* Die Aussicht von den ☀ Befestigungsmauern hinüber nach Schweden ist überragend – man kommt sich vor wie ein König. Weil Helsingør immer ein wenig abseits lag, hat sich die sehr lebendige Hafenstadt viel von ihrer historischen Atmosphäre bewahrt. Ganze Straßenzüge stehen unter Denkmalschutz – zu den schönsten Ensembles gehört ganz sicher das Karmeliterkloster aus dem 15. Jh., das einzige Skandinaviens, das vollständig über die Zeit gerettet werden konnte *(Tgl. Mitte Mai–Mitte Sept. 12–15, sonst 12–14 Uhr).* 22 km nördlich von Kopenhagen

Humlebæk/Louisiana [125 F4]

★ Der Fabrikant, Kunstmäzen und Sammler Knud Jensen war es, der aus einem ehemaligen Herrenhaus eine Kunststiftung und das wohl am meisten besuchte Museum Dänemarks machte. Jedes Jahr wollen mehr als eine halbe Million Besucher die Max Ernsts, Giacomettis oder Alexander Calders sehen, die zum festen und berühmten Inventar zählen. Geradezu überlaufen sind die Sonderausstellungen, die international hohes Ansehen genießen. Aber nicht nur die Kunst lohnt den Besuch: der Ausblick vom ☀ Park, der hoch über dem Øresund liegt, ist einfach sensationell. Sehr gut, wenn auch nicht unbedingt sensationell, ist das Angebot der Cafeteria. *Gamle Strandvej 13, tgl. 10–17 (Mi bis 22) Uhr, Eintritt 60 Kronen, www.louisiana.dk. 20 km nördlich von Kopenhagen*

Hundested [125 D4]

Ein kleiner Ort (8400 Ew.), aber mit der Erinnerung an eine große Vergangenheit. Hoch über der ☀ Steilküste steht das Haus des Polarforschers Knud Rasmussen. Alles wurde so bewahrt, wie es Rasmussen, der 1933 starb, hinterlassen hat. Das Wohnhaus eines Wissenschaftlers und Entdeckers, voller merkwürdiger Gegenstände und Apparate. Nicht weit vom Haus steht hinter wilden Rosen verborgen eine kleine Bank – der wahrscheinlich schönste Rastplatz Dänemarks. *Knud Rasmussens Museum, Mitte April bis Mitte Okt. Di–So 11–16, Mitte Okt.–Mitte Dez. und Mitte Feb.–Mitte April Di–So 11 bis 14.30 Uhr, Eintritt 20 Kronen. 60 km nordwestlich*

Lolland und Falster [128–129 B–D 4–5]

Die beiden Inseln im Süden von Seeland liegen ein wenig im Schatten der großen Menschenströme. Dabei haben Städte wie *Maribo* oder *Nakskov* und Inseln wie *Femø* oder *Fejø* durchaus ihre Reize. Wer das Unspektakuläre sucht, aber auf dänische Idylle nicht verzichten mag, wird sich hier wohl fühlen.

Insider Tipp Der *Knuthenborg Safaripark* auf Falster **[128 C4]** gibt sich, als wärs ein Ort in Afrika: Auf dem 350 ha großen Gelände, dass wie auf einer richtigen Safari mit dem Auto befahren wird, tummeln sich Giraffen, Zebras, Kamele, Tiger und Nashörner. Der Park, in dem 500 exotische Bäume stehen, ist von einer 7,5 km langen Mauer umgeben – es kann also rein gar nichts passieren. Dem Safaripark angeschlossen ist ein kleinerer Vergnügungspark für Kinder, *Småland,* das heißt: Land der Kleinen oder kleines Land, je nach Bedarf. *130 km südlich von Kopenhagen, Ende April–Sept. tgl. 9–17 Uhr; www. knuthenborg.dk, Eintritt 60 Kronen*

Bei *Marielyst* **[129 D5]** an der östlichen Küste im Süden Lollands liegt eines der größten Ferienzentren Dänemarks: Sommerhäuser zu Hunderten, entweder in regelrechten Siedlungen oder ganz privat an der Küste entlang. Wer sich ein Bild machen will, wie der durchschnittliche Däne im eigenen Land Urlaub macht, der ist hier goldrichtig. Der Strand ist weit und breit und sauber, das Wasser ebenfalls. Das nur für alle, die keine Dänen sind.

Møn   **[129 E–F4]**
Natürlich: die ★ *Kreidefelsen von Møn.* 100 m sind sie hoch, eine geologische Sensation, die schon Maler wie Caspar David Friedrich beeindruckt hat. Von der Steilküste führen Stege zum Wasser hinunter, oben liegt mit *Liselund Slot* eines der romantischsten Ensembles Dänemarks. Das Lustschloss eines Ad-

ligen, der es seiner Frau zum Geschenk machte, liegt inmitten eines 292 ha großen, verwunschenen Landschaftsparks nach englischem Vorbild, es darf gelustwandelt werden wie einst in Arkadien. Mitten in all der Herrlichkeit steht *Liselund Ny Slot,* ein romantisches Hotel voller Atmosphäre *(15 Zi., Langebjergvej 6, Borre, Tel. 55 81 20 81, Fax 55 81 21 91, €€).*

Der Hauptstadt von Møn, *Stege,* blieb nicht viel von der mittelalterlichen Pracht erhalten, die sie einst als Zentrum des Heringshandels hatte. Ein Stadttor steht aber noch, das am besten erhaltene Dänemarks aus der Zeit des Mittelalters – und der kleine Hafen ist auch ganz schön. Auf der kleinen *Insel Farø,* die alle überqueren müssen, die nach Møn wollen, steht das einzige *Schokoladenmuseum* Dänemarks, privat errichtet und betrieben. Es darf probiert und genascht werden: Die Schokolade stammt aus eigener Produktion, die die Chefin höchstpersönlich überwacht *(tgl. 10–20 Uhr, Eintritt 20 Kronen).*

Odsherred   **[125 E–F4]**
Odsherred, ganz im Nordosten von Seeland, ist ein weites Land. Ein Land mit eigenem Charakter und mit Stränden, deren feiner, reiner Sand durch die Zehen rieselt wie Zucker. Odsherred war bis in das späte 19. Jh. eine ländliche Oase fernab beinahe von jedem und allem. Land der Bauern und der Fischer. Heute warten 20 000 Sommerhäuser auf Gäste. Aber was sind schon ein paar tausend Häuser angesichts einer Landschaft, die unendlich scheint? Segeln, Angeln, Surfen – alles, was auch nur im entferntesten mit Wasser zu tun hat –

hier wird es geboten. Wer die Ruhe und nichts als die Ruhe sucht, der muss auf die gegenüberliegende Seite von Odsherred wechseln, Richtung Westen. Die Landzunge von *Sjællands Odde* reckt sich 20 km hinaus ins Kattegat: Strand, so weit das Auge reicht, sonst nichts. Und wenn sich der Hunger rührt, dann geht es nach Odde zu *Den Gyldne Hane (Vestre Havnevej 34, Tel. 59 32 63 86, www.den gyldnehane.dk),* wo der Fisch direkt aus den Netzen der Fischer in die Pfanne wandert. Ein nationales Kleinod wurde zu Beginn des 20. Jhs. in Odsherred ausgegraben. Feldarbeiter entdeckten den so genannten *Solvognen,* den Sonnenwagen, eine Opfergabe aus der Zeit um 1000 v. Chr. Das Original befindet sich im Nationalmuseum von Kopenhagen, aber eine Kopie, angefertigt von dem berühmtesten Silberschmied Dänemarks, Georg Jensen, ist in *Odsherreds Museum* zu sehen (*Høvevej 5, Asnæs, tgl. Jan–Mai und Sept./Okt. 9–14, Juni–Aug. 10–16 Uhr, Eintritt 20 Kronen*). Im großartigen *Schloss von Dragsholm* verbrachte der Gatte der Maria Stuart, James von Bothwell, seine letzten Jahre in Ketten, ehe ihn der Wahnsinn von seinen Qualen erlöste – heute kann man hier doch etwas bequemer übernachten *(28 Zi., Dragsholm Slot, Dragsholm Alle, Hørve, Tel. 59 65 33 00, Fax 59 65 30 33, www.dragsholm-slot.dk).*

Roskilde   [125 E6]

Die Stadt (43 000 Ew.) war einmal Königssitz und die Handelsmetropole Dänemarks. Das war im Mittelalter, ehe Kopenhagen Roskilde als Hauptstadt ablöste. In der Domkirche aus dem 12. Jh. liegt gewissermaßen die halbe dänische Geschichte begraben: Hier ruhen nicht weniger als 38 Königinnen und Könige. Zuletzt wurde die Königinmutter Ingrid, die 2000 starb, in Roskilde bestattet. Ihr Grab liegt außerhalb der Domkirche. Roskilde war auch schon zu Zeiten der Wikinger ein wichtiger Handelsplatz. Ein halbes Dutzend Schiffe hat man aus dem Roskildefjord geborgen und restauriert. Zu sehen sind sie in einem eigenen ★ *Wikingerzentrum,* das inzwischen die Ausmaße einer kleinen Werft angenommen hat. Es kann bei der Rekonstruktion eines Schiffs zugesehen werden, die in einer eigenen Halle stattfindet und wohl noch ein paar Jahre dauern wird. *Vikingeskibsmuseet, am Hafen, tgl. 10–16 Uhr, Eintritt 40 Kronen. 20 km von Kopenhagen*

Rungstedlund   [125 F5]

Das Herrenhaus mit dem Charme eines Bauernhofs war der Familiensitz der Blixens. Hier ist Karen Blixen aufgewachsen, hier ist sie gestorben. Das Museum bewahrt außerordentlich feinfühlig die Atmosphäre, die sie dem Haus gegeben hat. Eine Ausstellung im Obergeschoss zeichnet ihren Lebenweg nach und stellt die Schreibmaschine aus, auf der Karen Blixen die meisten ihrer Werke verfasst hat – ein Fall für Reliquiensüchtige. Die Schriftstellerin ist im hinteren Teil des Parks, der zum Anwesen gehört, begraben. *Karen Blixen Museet, Rungsted Strandvej 111, Mai–Sept. tgl.10–17, Okt.–April Mi–Fr 13–16, Sa/So 11–16 Uhr, Eintritt 35 Kronen, www.karen blixen.dk. 8 km nördlich von Kopenhagen*

Das Land erwandern und erfahren

Die Touren sind in der Karte auf dem hinteren Umschlag und im Reiseatlas ab Seite 120 grün markiert

1 SÜDSEETRAUM UND KÖNIGSHAUS

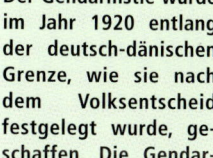

Der Gendarmstie wurde im Jahr 1920 entlang der deutsch-dänischen Grenze, wie sie nach dem Volksentscheid festgelegt wurde, geschaffen. Die Gendarmen, die bis 1958 auf Grenzpatrouille gingen, waren eigentlich Zöllner, die Schmuggel und illegale Grenzübertritte verhindern sollten. Der Gendarmstie führt an der Nordseite der Flensburger Förde entlang, herrliche Aussichten sind garantiert. Die Wege, die von Padborg bis nach Høruphav kurz hinter Sønderborg führen, sind mit blauen Schildern mit der Aufschrift »Gendarmstien« markiert. Für die ca. 70 km sollte man drei bis vier Tage veranschlagen, wenn die Tour zu Fuß bewältigt werden soll. Es lohnt sich aber auch, nur Teilabschnitte abzuwandern, so zum Beispiel zwischen Kupfermühle (am nördlichen Stadtrand von Flensburg) und Kollund oder zwischen

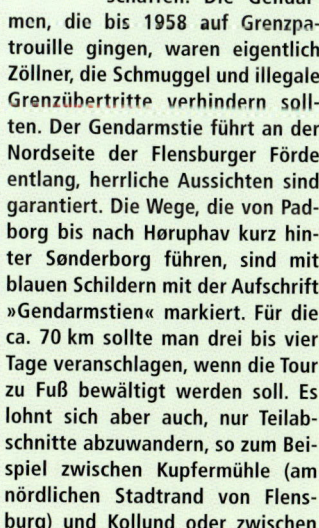

Die kleine Meerjungfrau – wer kennt sie nicht?

Sønderhav und Egernsund. Die Tour lässt sich auch bestens mit dem Fahrrad abfahren, auf einzelnen Teilstrecken muss aber geschoben werden.

Los gehts am Toldergarden von *Padborg*, dem Zollhof, südlich des Padborger Bahnhofs. Die ersten 7 km führt der Weg an der deutsch-dänischen Grenze entlang, die mit Grenzsteinen markiert ist, bis die Kollund Å erreicht ist, ein Flüsschen am Wald von *Kollund (S. 51)*. Vorbei geht es am ehemaligen Mühlensee von *Kruså*, dann kommt auch schon Kupfermühle in Sicht, eine historische Arbeitersiedlung, die zu Flensburg gehört. Die Flensburger Förde ist erreicht, der erste Höhepunkt folgt. Durch jahrhundertealte Buchen schlängelt sich der Gendarmstie nach Kollund, immer hoch über der Förde. Von Kollund aus kann man mit regelmäßig verkehrende Schiffen einen Ausflug nach Flensburg machen. Zeit für eine erste Pause? Die Küche des Hotels *Fakkelgaarden, Fjordvejen 44, Tel. 74 67 83 00, Fax 74 67 83 63, www.fakkelgaarden.dk, €€€*, hinter der Stadtgrenze von Kollund, ist zu Dänemarks bester des Jahres 2001 gewählt worden – der Kaffee, frisch gemahlen, lohnt immer einen Aufenthalt.

Keine Wanderung nach *Sønderhav*, dem nächsten Ort, ohne ein Hotdog beim berühmtesten *Hotdogstand* Süddänemarks *(Fjordvej, gegenüber dem Fähranleger)* zu probieren. Flensburger nennen Sønderhav auch Hotdoghav – hier ist immer was los. Gleich gegenüber liegen die *Ochseninseln.* Wem Hotelbetten zu weich sind: Auf der größeren der beiden Inseln mit ihrer 15 m hohen Steilküste darf gezeltet werden.

Insider Tipp

Von Sønderhav führt der Weg einige Kilometer am Wasser entlang bis nach *Rinkenæs (S. 51).* Kurz bevor Rinkenæs erreicht wird, geht es am *Café Providence, Stranderød 9, Tel. 74 65 24 62,* vorbei, das mit bestechender Aussicht über dem Fjord liegt. Wer noch nie dänische Sahnetorten gegessen hat, das aber schon immer einmal tun wollte, der wird hier sein Sahnetortenglück finden. Südlich von Sandager liegt der kleine *Helligsø,* ein Vogelparadies, nördlich des Orts steht ein Leuchtturm, von dem man einen perfekten Überblick über Land und Leute hat. Rund um *Egernsund,* das kurz darauf erreicht wird, arbeiteten um 1900 eine Reihe von Ziegelfabriken. Überreste sind noch zu sehen. Einen Abstecher lohnt der kleine Hafen von Egernsund, der sich südlich der Hochbrücke hinter einer Kurve versteckt. Hier arbeiten eine Hand voll kleiner Werften, man sieht aufgebockte Kutter und Segler, die meisten aus Holz: Es ist beinah wie in alten Zeiten. Vielleicht noch einen Abstecher nach *Rendbjerg,* wo sich der Besitzer des Ziegelwerks eine bunte Villa aus Schmucksteinen bauen ließ; dann kommt auch schon *Broager* in Sicht, dessen Kirche als einzige weit und breit zwei Türme hat. Sie sollen einer Prinzessin zu verdanken sein, die ihrem im Morgenland kämpfenden Ritter schon von weitem verkünden wollte, wie viele Kinder sie ihm geboren hatte. Von Broager schlängelt sich der Weg mal durchs Land, mal an der Küste entlang. Südöstlich von Broager, bei *Kragesand,* liegt ein schöner und geschützter Badestrand. Nach einigen Kilometern kommt linker Hand auf einer Anhöhe Dybbøl Mølle in Sicht, heute ein nationales Monument, das an die dänische Niederlage erinnert, die zum Verlust von Schleswig-Holstein führte. Der Weg hinter *Dybbøl (S. 50)* führt weiter am Wasser entlang, die Küste wölbt sich in regelmäßigen Abständen in den Fjord hinaus. Von Dybbøl Banker führt ein 4 km langer Feldweg immer an der Küste entlang nach Vemmingbund. Bei *Viemose* wartet ein primitiver Zeltplatz auf alle, die von frischer Luft nie genug bekommen können. Von hier aus sind es nur noch ein paar Kilometer bis nach *Sønderborg (S. 49)* und dann noch einmal 5 km bis *Høruphav,* wo es sich auf der Terrasse des Hotels *Baltic, Havbo 29, Tel. 74 41 52 00, www.hotel-baltic.dk,* €€€, mit Blick auf den Seglerhafen herrlich entspannen lässt.

2 RUND UM LYØ, DIE PERLE DER SÜDSEE

Die Insel Lyø liegt mitten in der dänischen Südsee. Sie ist eine der Perlen dieser Insellandschaft, idyllisch, romantisch, und dann auch wieder rau und abwei-

*Dänemark mit wunderbaren Radwegen gilt nicht umsonst
als das Land der Radler*

send. Die 12 km lange Wanderung um die Insel kann drei oder fünf Stunden dauern – je nachdem, wie die Witterung gerade ist. Es empfiehlt sich, Gummistiefel und einen Picknickkorb, bei schönem Wetter und Lust auf eine Pause am Strand auch Badezeug mitzunehmen.

Wenn die Fähre, die *Lyø (S. 80)* ein halbes Dutzend Mal täglich von *Faaborg (S. 53)* aus anfährt, wieder abgelegt hat und das Brummen der Dieselmotoren langsam abebbt, dann umfängt einen die beruhigende Stille einer Insel, die so abwechslungsreich ist wie kaum eine andere in der großen weiten Südsee. Vom Hafen, der nicht viel mehr ist als ein von Felssteinen geschützter Steg, führt der Weg in östliche Richtung. Feste Wege sind selten, der Weg nach Lyø By, dem Hauptort, ist dann allerdings doch geteert. Aber es ist ja gerade die ländliche Ursprünglichkeit, die den Reiz dieser Tour ausmacht. Der Feldweg zweigt gleich hinter dem Hafen linker Hand ab zu dem 1 km entfernten Lyø Sand, einer natürlichen Bucht, wie ein Haken gekrümmt. Seeenten, Schwäne und seltene Vogelarten brüten hier, 500 m weiter liegt in Strandnähe der Østersjø, ebenfalls ein Vogelparadies insbesondere für Enten und Schwäne. Der Strand von Østersjø eignet sich sehr gut zum Baden, die Strömung ist schwach, das Wasser warm, weil nicht tief. In den angrenzenden Wiesen, auf denen im Frühling die Feldblumen blühen, kann man ganz und gar ungestört in der Sonne schmoren oder picknicken. Gleich gegenüber ist die Insel *Avernakø (S. 78)* zu sehen. Wer besser und vor allem weiter sehen will, der muss den Bjerget besteigen, einen 17 m hohen Hügel. Von hier aus liegt die ganze Südsee in ihrer vollen Schönheit vor einem.

Von Østersjø aus geht es jetzt immer am Wasser entlang, über einen etwas unbequem steinigen Strand, begrenzt von steil aufragenden Dünen, die dem Ganzen etwas Dramatisches geben. Die südliche Küste ist etwas weniger dramatisch, die Dünen, bewachsen mit Gras, liegen jetzt 50 m vom Strand entfernt. Bei Vestersjø, auf der westlichen Seite der Insel, schützt eine 2 km lange Landbrücke das Revet, einen Binnensee, gegen das Meer.

Die Landschaft ist, geologisch gesehen, relativ jung. Das Land der Landbrücke wurde erst in den letzten Jahrhunderten von der Strömung von der Südküste Lyøs an die Westküste geschwemmt. Zwischen zwei Moränenhügeln erstreckt sich eine rotbraune, mit Flechten übersäte Landschaft, Reste eines uralten Moors. Nach 1 km ist Lyø Trille erreicht, das Ende einer schmalen Landzunge. Hier liegt ein großer, rechteckiger Stein, wie von einem Riesen auf der Flucht hingeworfen. Die Lyøer erzählen, unter dem Stein moderten die Überreste einer bedauernswerten Frau, die im 17. Jh. das Pech hatte, als Hexe verbrannt zu werden.

Von Lyø Trille ist es dann ein Spaziergang durch flaches Gelände zurück zum Hafen. Vom Hafen bis nach Lyø By mit seinem Kro, seinen reetgedeckten Häusern mit ihren bleiverglasten Fenstern und der schönen Kirche aus der Zeit der Reformation mit ihrem ganz und gar runden Friedhof ist es nur knapp 1 km.

Wer jetzt immer noch laufen kann, sollte die 1,5 km nicht scheuen, die den westlichen Dorfrand vom ⚜ Klokkesten trennen, einem Langdolmengrab. Hier stehen

Bänke, es darf gepicknickt werden, die Aussicht ist einfach wunderbar. Und wer dem Stein einen glockenartigen Klang entlockt, der darf sich etwas wünschen – muss seinen Wunsch aber natürlich für sich behalten.

3 AUF DER STRASSE DER REICHEN

 Die Küste nördlich des eigentlichen Stadtgebiets von Kopenhagen ist ein schönes und teures Land. Auf den 40 km bis nach Helsingør reiht sich Villa an Villa, Museum an Museum, Strand an Strand. Whiskygürtel haben die Kopenhagener diese traditionelle Wohngegend der Reichen genannt, ganz im Gegensatz zum Biergürtel, hinter dem die weniger Vermögenden ihr Dasein fristen müssen. Die dänischen Könige haben sich hier ihre Schlösser und Lusthäuser gebaut und ihr Jagdrevier angelegt. Heute ist der ehemalige königliche Tiergarten ein Vergnügungspark für das Volk. Nehmen Sie sich zwei bis vier Stunden Zeit für diese Tour.

Nördlich von *Kopenhagen (S. 83)* zieht sich am schönen Strand des Øresunds der Strandvejen entlang. Im Sommer sonnen sich die Hauptstädter an den Stränden von Charlottenlund Strandpark und Bellevue Strandpark, sehr gepflegten Stränden, mit bester Aussicht hinüber zum großen Bruder Schweden. In *Charlottenlund* liegt mit *Danmarks Aquarium* eines der kleineren Aquarien Dänemarks *(Kvalergarden 1, 10–17 Uhr, Eintritt 50 Kronen),* gleich gegenüber steht das erste der königlichen Schlösser in Richtung Norden, Charlottenlund Slot. Erbaut 1880, gehörte es bis 1926 der königlichen Familie, heute ist hier eine Behörde zu Haus. Kurz vor Klampenborg liegt mitten im ehemaligen Tiergarten, dem Jægersborg Dyrehaven, das *Eremitageslot,* ein Jagdschloss, 1736 erbaut, immer noch in königlichem Besitz, aber selten benutzt. In Klampenborg lohnt das *Restaurant Jacobsen,* Strandvejen 449, Tel. 39 63 43 22, Fax 39 63 43 20, €€, einen Zwischenstopp. Das Gebäude wurde von dem Architekten und Funktionalisten Arne Jacobsen entworfen, das Meublement ebenso: ein Restaurant als Hommage an einen großen Designer. *Rungstedlund (S. 91),* ca. 8 km nördlich, hat nicht nur einen lebendigen Seglerhafen vorzuweisen, hier, unmittelbar am nördlichen Ortseingang, steht auch das Haus der Schriftstellerin Karen Blixen, heute ein Museum. An der großen Kreuzung im Ortszentrum geht es links ab zum 2 km entfernten königlichen

Schloss von Hirschholm. Heute ist hier das interessante und sehenswerte dänische *Wald-und Jagdmuseum* untergebracht *(Feb.–Nov. Di–So 10 bis 16, Sa 12–16 Uhr; Eintritt 25 Kronen).* Das Schloss war Schauplatz einer der größten Staatsaffären der dänischen Geschichte. Der königliche Leibarzt Struensee hatte eine Liaison mit Königin Caroline Mathilde. Die Verbindung wurde aufgedeckt, die Königin verbannt und der Arzt hingerichtet.

Nun geht es zurück zum Øresund und Richtung *Humlebæk* (10 km) mit dem wohl berühmtesten Museum Dänemarks: *Louisiana (S. 89).* Am Ende der Schlösser- und Museumstour steht wieder ein Schloss: *Kronborg (S. 89).* Hier lässt Shakespeare seinen Hamlet nach Sein oder Nichtsein fragen, hier ruht in den Katakomben der steinerne Holger Danske, bereit, sich zu erheben, sollte Dänemark je in Gefahr kommen. Er ruhe sanft bis in alle Ewigkeit.

Der Danebrog, die älteste Flagge überhaupt, flattert vor Schloss Kronborg

Bewegung ist alles

**Mal wieder richtig aktiv werden –
voller Elan oder ganz gemütlich**

Man könnte es mit Fontane sagen: Dänemark ist ein weites Land. Man könnte es auch so sagen: Die Dänen sind sehr naturverbunden, und sie lieben es, sich in der freien Natur aufzuhalten; eben weil sie so weit und für jeden offen ist. Es ist Platz für viele und vieles. Das erklärt auch das große Angebot an Outdooraktivitäten. Es sind beileibe nicht nur Angebote für Touristen. Die Dänen selbst sind aktiv und sportbegeistert – und deshalb ist die Qualität so hoch.

ANGELN

Es gibt nur wenige Einschränkungen für Sportfischer im Anglerparadies Dänemark: Eigentlich ist Angeln überall erlaubt. Zwei generelle Vorschriften müssen allerdings beachtet werden. Das Angeln im engsten Hafenbereich ist nicht gestattet, beim Angeln in der Nähe privater Grundstücke muss ein Abstand von 50 m eingehalten werden. Ansonsten brauchen alle Angler zwischen 18 und 67 Jahren einen Angelschein, der bei jeder Touristeninformation zu haben ist und für ein Jahr 100 Kronen kostet. In den letzten Jahren wurden verstärkt Put-

Windsurfer finden an vielen Stränden sehr gute Bedingungen für die Ausübung ihres Sports

and-Take-Seen angelegt, selbst da, wo, wie zum Beispiel in Hvide Sande an der Westküste Jütlands, im Grunde jeder Petrijünger ganz natürlich auf seine Kosten kommen müsste. Offenbar ein Tribut an die Bequemlichkeit. Sehr gute Fanggründe liegen südlich von Møn und östlich von Bornholm. Das dänische Fremdenverkehrsamt verschickt Broschüren, in denen sich alle wesentlichen Informationen über das Angeln vom Land aus und Hinweise auf gute Angelreviere finden. *Weiter Informationen liefert Danmarks Sportsfiskerforbund, Tel. 75 82 06 99, Fax 75 82 02 09, www.sportsfiskeren.dk*

GOLF

Der Schlägersport boomt im Königreich. Es gibt mehr als 135 Golfplätze, die meisten liegen in landschaftlich exponierter Lage, soll heißen: wunderschön. Zum Beispiel der Golfplatz von Samsø. Eine Auswahl von 30 Plätzen, verteilt über Jütland und Fünen, wird inklusive Übernachtungsmöglichkeiten ausführlich in einer Broschüre vorgestellt, die über *Fyntour, Svendborgvej 83–85, DK-5260 Odense S, Tel. 66 13 13 37, Fax 66 13 13 38, www.visitfyn.com* angefordert werden kann. *Skandinavia Golf* informiert unter *www.skandinaviagolf.*

Insider Tipp

Dänemark bietet für Golfer fast paradiesische Bedingungen

com über 130 Golfplätze in Dänemark und Schweden. Allgemeine Informationen über Golf in Dänemark erhalten Sie bei *Danmarks Golf Union, Tel. 43 26 27 00, Fax 26 05 27 01, www.dgu-golf.dk*

HISTORISCHE EISENBAHNEN

Etwa ein Dutzend ausgediente Eisenbahnen rollen im Sommer durch die dänische Landschaft. Meistens sind es nur noch ein paar Kilometer, die den Dampfrössern und anderen Fahrzeugen geblieben sind, aber eine Fahrt mit ihnen ist vielleicht gerade deshalb ein besonderes Erlebnis. Die Eisenbahnen befinden sich in aller Regel in einem ausgezeichneten Zustand und fahren durch Gegenden, die etwas abseits liegen. So kann man auf diesem Weg etwas von Dänemark sehen, was einem sonst garantiert entgangen wäre. Informationen über Fahrpläne und Aktivitäten der dänischen Freunde historischer Eisenbahnen in deutscher Sprache sind unter *www.veterantog.dk/de/* zu finden.

RADFAHREN

Das Land der Radler: wenn Dänemark einen Titel verdiente, dann sicher diesen. Beim Ausbau des Radwegenetzes werden weder Mühe noch Kosten gescheut, keine neue Straße wird gebaut, ohne dass gleichzeitig ein Radweg angelegt wird. Der Zustand der insgesamt 10 000 km umfassenden Radwege ist hervorragend, neuerdings ist man sogar dazu übergegangen, die Radwege genauso wie Straßen mit einem Mittelstreifen zu versehen, wohl damit der kleine Verkehr sich nicht länger gegenüber dem großen Bruder verstecken muss. Im Unterschied zu Deutschland ist direktes Linksabbiegen verboten: die Kreuzung ist in Fahrtrichtung zu überqueren, dann wird angehalten, anschließend die Fahrbahn überfahren – so will es die Vorschrift.

Der so genannte Nordseeradwanderweg führt ebenso durch das Land wie der Ostseeradwanderweg. Seit kurzem kann man die **Strecke Kopenhagen–Berlin** auf einer ausgearbeiteten Route in 15 Etappen abfahren *(www.bike-berlin-copenhagen.com)*. Radwanderkarten und allgemeine Informationen zum Thema sind über den *Dansk Cyklist Forbund* zu bekommen, *Tel. 33 32 31 21, www.dcf.dk.*

SEGELN

Es könnte sein, dass es mehr Häfen in Dänemark gibt als Hotdogbuden. Segeln ist Volkssport, ob auf der Nordsee oder auf den Seen rund um Silkeborg. Die Liegegebühren sind moderat, auch die kleinsten Häfen verfügen über gepflegte sanitäre Einrichtungen, fast immer ist zumindest ein kleinerer Supermarkt in Hafennähe, in dem Proviant gefasst werden kann. Sehr schön sind die Gewässer der dänischen Südsee. In der Hochsaison kann es manchmal etwas eng werden, aber auch das tut der entspannten Atmosphäre in den Häfen keinen Abbruch. Alle notwendigen Informationen erhalten Sie bei der *Danish Sailing Association, Idrættens Hus, DK-2605 Brøndby, Tel. 43 26 21 81, Fax 43 26 21 91, ds@sailing.dk*

TAUCHEN

Der Unterwassersport greift auch in Skandinavien um sich. Und welches Land könnte dafür prädesti-

nierter sein als Dänemark. Allein 5000 Schiffswracks rosten in den Gewässern vor sich hin: Abenteuer genug für Generationen von Freizeittauchern. Aber Vorsicht! Nicht ganz so erfahrene Abtaucher sollten sich vor jedem Tauchgang über die jeweiligen Strömungsverhätnisse informieren. Viele Gewässer sehen zwar auf den ersten Blick nicht so aus, aber sie können tückisch sein. Besonders in Küstennähe geht es unter Wasser oft recht turbulent zu. Die meisten dänischen Tauchclubs machen es möglich, dass Gäste mit auf Tauchtouren gehen können. Immer noch die beste und sicherste Art des Untergehens, vor allem für Anfänger und Ortsunkundige. Auskünfte über die Aktivitäten von Tauchclubs stehen oft auf den Informationstafeln der Hafenmeistereien dänischer Häfen. Wer ein bisschen Englisch spricht, der wird sicher zu seinem Unterwasserglück finden. Informationen gibt es beim *Dansk Sportdykker Forbund, www.dykkersport.dk* Tauchschulen sind unter *www.visitdenmark.com* aufgelistet.

WINDSURFEN

Die dänischen Küsten eignen sich an vielen Stellen vorzüglich zum Windsurfen. Am rauesten geht es natürlich an der Westküste zu, wo zum Beispiel die Profis in der Jammerbucht aufs Wasser gehen. Aber auch in den ruhigen Gewässern des Kleinen oder Großen Belts weht der Wind stark genug, dass geübt werden kann. Überall gilt: Es muss eine Schwimmweste getragen werden. Die Adressen von Surfschulen in ganz Dänemark sind unter *www.visitdenmark.com* zu finden.

Bauklötzer staunen und die Welt verstehen

Spaß haben und dabei auch noch etwas lernen – nichts leichter als das

Dänemark ist ein kinderfreundliches Land. Das gilt nicht nur für den privaten Umgang, sondern auch und gerade für das Angebot an Freizeitaktivitäten. In den letzten Jahren wurde das Land von einer Welle geradezu überrollt, die Freizeitparks, Camps und Hüttenlager flächendeckend über das Königreich verteilte. Das klingt nach Beschäftigungstherapie, ist aber beinah das Gegenteil. Denn die Besucher sind aufgefordert, aktiv zu werden, sich zu betätigen, statt zu Hause vor Computern zu hängen und virtuelle Spielchen zu spielen, die keinem nützen. Und das Beste: Erwachsene kommen ebenfalls auf ihre Kosten.

JÜTLAND

Legoland [126 C2]
Die große Attraktion für Kinder und jung Gebliebene im Herzen von Jütland hat nichts von ihrer Anziehungskraft eingebüßt. Was im Jahr 1968 mit einer bescheidenen Frei-

Legoland ist nicht nur für Kinder attraktiv

luftanlage begann, ist inzwischen ein Millionenunternehmen geworden. Nicht nur die Legosteine genießen Weltruf, sondern auch Legoland. Zentrum der Anlage ist immer noch der Bereich, in dem viele Gebäude aus Dänemark und der ganzen Welt im Miniaturmaßstab stehen, nachgebaut aus Legosteinen. Aber es gibt auch ein Piratenland, ein Duploland oder ein Burgenland. Neueste Attraktion ist ein Marsland, eine Art begehbare Weltraumlandschaft – damit ist Legoland für die Zukunft bestens gerüstet. Wer sich nicht unbedingt für Legosteine interessiert, der kann sich an den 400 historischen Puppen und 1400 mechanischen Spielzeugen erfreuen oder Titani's Palace mit seinen 18 Miniräumen bestaunen, in denen über 3000 Gegenstände untergebracht sind. *Billund, tgl. April bis Okt. 10–20, Mitte Juni–Ende Aug. 10–21 Uhr, Eintritt 120 Kronen, www.legoland.dk*

Löwenpark Givskud [127 D1]
Mitten in Dänemark oder nicht doch vielleicht mitten in den Savannen Afrikas? 15 km nordwest-

Insider Tipp lich von Vejle lebt der größte Löwenbestand Skandinaviens beinah wie in freier Wildbahn. Elefanten, Dromedare und Affen vervollständigen die afrikanische Illusion. 2001 wurde auch noch eine Gorillafamilie nach Givskud umgesiedelt, die sich im Kopenhagener Zoo nicht recht einleben konnte. Jetzt hat sie ein eigenes Revier für sich – und endlich Ruhe. Wer nicht zu Fuß gehen will, kann sich von einer Safaribahn, die alle 30 Minuten verkehrt, durch den Löwenpark kutschieren lassen. *Løveparken Givskud, Give, tgl. Mai–Mitte Juni und Mitte Aug.–Mitte Sept. 10–18, Mitte Juni–Mitte Aug. 10–20, Mitte Sept.–Ende Okt. 10–17 Uhr, Eintritt 75 Kronen*

Tivoliland Aalborg [123 F1]

Vergnügungen aller Art in Dänemarks drittältestem Freizeitpark: Achterbahnen, Bungeespringen, Geisterbahnen, Restaurants, Picknick. *Karolinelundsvej, Ende April bis Anf. Sept. tgl. 10–18 Uhr, Eintritt 40 Kronen, www.tivoliland.dk*

SEELAND

Insider Tipp
Bakken [125 F5]

Wo vor 200 Jahren der dänische König seine Rehe oder Wildschweine erlegte, drehen sich seit 150 Jahren Karusselle, stehen Buden, verwirren Zauberer die Sinne, erholt sich das Volk bei Bier und Wurst. Der Vergnügungspark nördlich von Kopenhagen ist nicht nur der älteste seiner Art und unerreichtes Vorbild für viele Nachahmer, Bakken ist auch die volkstümliche Variante des anspruchsvollen Tivoli, der eher für die vornehmen Bürger Kopenhagens gedacht war, die auf An-

stand und Sitte sahen. *Klampenborg, Dyrhavevej 62, Ende März bis Ende Aug. tgl. 12–24 Uhr, www.bakken.dk, Eintritt frei*

Bonbon-Land [129 D2–3]

Der definitive Erlebnispark für alle Kinder dieser Welt: alles dreht sich in diesem wirklich riesigen Vergnügungszentrum um Bonbons. 110 000 m^2 ist das Gelände groß, 70 Attraktionen – Wasserrutschen, Karussells, Raftingbahnen, Kindertheater, Kinderzirkus und vieles mehr – wetteifern um die Aufmerksamkeit. *Holme-Olstrup, Gartnervej 2, 10 km östlich von Næstved, Mitte Mai.–Mitte Juni und Mitte Aug. bis Anf. Sept. Mo–Fr 9.30–17, Sa/So 9.30–20, Mitte Juni–Mitte Aug. tgl. 9.30–20 Uhr, Eintritt 125 Kronen, Kinder unter 90 cm gratis, www.bonbon-land.dk*

Insider Tipp
Experimentarium Hellerup [125 F5]

Die Welt ist voller Rätsel – aber manches lässt sich doch erklären. Das Experimentarium nördlich von Kopenhagen ist mit seinen 300 Versuchsanordnungen eine praktische Schule des Lebens. Einmal mit dem ganzen Körper in einer Seifenblase verschwinden? Kein Problem. Endlich wissen, wie das Internet funktioniert? Na bitte. 300-mal die Welt erklärt bekommen – das kann Tage dauern. Wenn nicht das ganze Leben. *Hellerup, Tuborg Havnevej 7, Mitte Juni–Mitte Aug. tgl. 10–17, sonst Mo und Mi–Fr 9–17, Di 9–21 Uhr, Eintritt 85 Kronen, www.experimentarium.dk*

Lejre Forsøgscenter [125 D6]

Einmal Eisenzeit und zurück – das Versuchszentrum in Lejre, 10 km

Kleine Pause mit großem Eis: Auch Erholung macht Spaß

südlich von Roskilde, machts möglich. Im Sommer leben hier Freiwillige mit ihren Familien und nehmen den Besucher mit auf die Reise in die Vergangenheit – wenn der dazu wirklich bereit ist.

Im Lejre Versuchscenter werden die doch eher primitiven Lebensweisen der Menschen der Eisenzeit simuliert – und das will gewollt sein. Holz hacken, Korn mahlen, Feuer machen, sein eigenes Geschirr brennen, mit Pfeil und Bogen auf die Pirsch gehen oder mit einem Einbaum über den großen See paddeln – all das ist hier möglich, und Mitmachen ist auf jeden Fall erwünscht. Es kann sogar in einfachen Hütten übernachtet werden – das ist ein Vergnügen der besonderen Art, immer in Tuchfühlung mit den Nachbarn. *Slangealleen 2, Mai bis Mitte Juni und Mitte Aug. bis Anf. Sept. Di–So, Mitte Juni–Mitte Aug. tgl., Eintritt 60 Kronen, www.lejre-center.dk*

Middelaldercentret   [129 D5]

Das Mittelalter, wie es leibt und lebt, und vor allem: wie wir, die nicht dabei waren, es uns immer vorgestellt haben. Wild, bunt, lustig, aufregend und unverblümt. Eine ganze Stadt mit Buden, Wohnhäusern und Werkstätten wurde aus dem Boden gestampft, sogar einen Hafen hat man angelegt, von dem aus historische Segler zwar nicht in die weite Welt hinaus segeln, aber doch immerhin so tun als ob. Jeden Tag werden die martialischsten Kriegsmaschinen unter lautem Krachen abgefeuert, wilde Ritter stürmen durch die Stadt und kämpfen Ritterturniere aus, Marketenderinnen versuchen, ihre Waren loszuschlagen, auf dem mittelalterlichen Markt gibt es alles zu kaufen, was schon damals niemand wirklich brauchte. *Sundby/Falster, Ved Hamborgskoven 2, Mai–Sept. tgl. 10–16 Uhr, Eintritt 60 Kronen, www.middelaldercentret.dk*

Angesagt!

**Was Sie wissen sollten über Trends,
die Szene und Kuriositäten in Dänemark**

Design

Lange Jahre sah es ganz danach aus, als sollte das skandinavische Kredo – klar, kühl, streng – für alle Zeiten gültig bleiben. Aber jetzt hat sich eine junge Generation aufgemacht, den Mythos zu zerstören. Die neuen Designer legen zwar viel Wert auf Funktionalität, sie überlassen sich aber auch dem freien Spiel der Formen. Das Ergebnis sind Objekte von klar erkennbarer Struktur und Plausibilität.

Deutsche Schlager

Es klingt wie ein schlechter Scherz, aber es ist so: Der deutsche Schlager feiert in Dänemark geradezu Triumphe. Auf Partys und in Szenelokalen schmettern einem die lieblichen Verse eines Alpen-Ötzi oder einer Vicky Leandros entgegen. Beliebt sind eher die moderneren Varianten, deutsche Texte zu dröhnendem Bass, der das Herz aufwühlt und das Nervenzentrum attackiert.

Anne Linnet

Vor 20 Jahren leuchtete der Stern der Sängerin zum ersten Mal hell auf, seitdem hat er an Strahlkraft nur noch dazugewonnen. Anne Linnet ist *die* dänische Popstimme, ein Megastar in ihrem Heimatland, beinah ein Nichts in der Welt. Und das natürlich ganz und gar zu Unrecht.

Vergnügungsparks

Sie sind wie die berühmten Pilze aus dem Boden geschossen, genauer gesagt, in die Landschaft gesetzt worden: Vergnügungsparks sind zur Leidenschaft für viele Dänen geworden. Das mag daran liegen, dass man nur einmal Eintritt zahlen muss und danach alle Vergnügungen

gewissermaßen gratis sind: eine harmlose Form des Selbstbetrugs.

Picknick

Rast der Urlauber aus Deutschland seinem Feriendomizil zu, sieht er im Vorüberfliegen immer wieder Menschen auf Rastplätzen an Bänken sitzen. Der rasende Urlauber staunt: Was machen diese Menschen da? Ganz einfach: sie picknicken. Picknick ist für Dänen mehr als bloße Nahrungsaufnahme. Picknick ist erfüllte Freizeit. Warum gerade Rastpätze an Straßen so beliebt sind, das ist das große Rätsel.

Von Anreise bis Zoll

Hier finden Sie kurz gefasst die wichtigsten Adressen und Informationen für Ihre Dänemarkreise

ANREISE

Auto

Dänemark ist Autoland – und so kommen denn auch die meisten Besucher über die A 7. Umständlicher, aber spannender ist die Anreise über Puttgarden. Der Belt wird per Fähre überquert, die einfachen Fahrt mit dem PKW kostet in der Hochsaison etwa 60 Euro, sonst 40 Euro. Es gibt keine Passkontrollen mehr an der Grenze. Kontrolliert wird aber stichprobenartig auf den Autobahnen und Landstraßen, je nach Erkenntnislage der staatlichen Stellen.

Bahn

Es fahren nur Regionalzüge, aber keine schnellen ICEs bis nach Flensburg, dem letzten größeren Bahnhof vor der Grenze. Von hier geht es dann, zwar ohne Umsteigen, aber mit Zwischenhalt, weiter durch die Provinz. Die Hin- und Rückfahrt 2. Klasse von Hamburg nach Kopenhagen kostet ca. 170 Euro.

Flugzeug

Mit dem Flugzeug geht es entweder nach Kastrup bei Kopenhagen oder nach Billund in Jütland. Außerdem werden ein Dutzend kleinerer Regionalflugplätze angeflogen. Die Lufthansa fliegt mehr-mals täglich von Hamburg nach Kopenhagen, Hin- und Rückflug ca. 250 Euro.

AUSKUNFT

Dänisches Fremdenverkehrsamt
Postfach 10 13 29, 20008 Hamburg, Tel. 040/32 02 10, Fax 32 02 11 11, www.dt.dk. Eine individuelle Route wird auf Wunsch erarbeitet. Unter *Tel. 040/32 02 12* können rund um die Uhr aktuelle Infos eingeholt werden (Ansagedienst). Allgemeine Infos auch unter *www.visitdenmark.com*

AUTO

Das mutwillige Überschreiten der zulässigen Höchstgeschwindigkeit kann wirklich nicht empfohlen werden: Es wird richtig teuer. Wer innerorts mit 65 km/h statt der erlaubten 50 km/h erwischt wird, muss mit einem Bußgeld von 80 Euro rechnen. Auf Landstraßen sind 80 km/h erlaubt, auf Autobahnen 110 km/h. PKW mit Anhänger dürfen mit höchstens 70 km/h fahren. Ein Muss ist das Fahren mit Abblendlicht, auch am Tag. Telefonieren mit dem Handy während der Fahrt ist verboten. Die Promillegrenze liegt bei 0,5. Wer mit mehr im Blut erwischt wird, ist nicht nur auf der Stelle seinen Führerschein los, es wird außerdem der Wagen konfisziert. Sicherheitsgurte müssen von allen Personen über drei Jahren angelegt werden. Wer das Bußgeld nicht zahlen kann oder will, muss damit rechnen, dass das Auto stillgelegt und einbehalten wird, bis das Bußgeld beglichen ist. Es kann auch mit Kreditkarten bezahlt werden. Achtung: Das eigene Auto darf nicht an Personen ausgeliehen werden, die ihren Wohnsitz in Dänemark haben. Es gibt einen deutschsprachigen Pannendienst, *Tel. 79 42 42 42.*

BANKEN & GELDWECHSEL

Öffnungszeiten der Banken und Sparkassen in der Regel *Mo–Fr 9.30–16, Do 9.30–18 Uhr.* Reiseschecks werden in Banken, Hotels, Restaurants und größeren Geschäften bis zu einem Betrag von 1500 Kronen pro Scheck akzeptiert. Das Ziehen von Bargeld an Geldautomaten kostet zwar eine Gebühr, bequemer und sicherer kommt man aber kaum an Geld. Das Umtauschen zu Hause kann man sich sparen – es kostet schließlich auch, und meistens mehr.

BRÜCKEN

Alle Brücken in Dänemark sind kostenlos befahrbar – bis auf die von Kopenhagen nach Schweden und die von Fünen nach Seeland. Wer Zeit hat und ein paar Kronen sparen will, der nimmt die Fähre, denn die fährt – noch. Eine Fahrt mit dem Auto über die Brücke kostet jeweils ca. 30 Euro. Über die Brücke von Fünen nach Seeland informiert *www.storebaelt.dk,* über die feste Verbindung Kopenhagen–Schweden *www.oeresundsbroen.dk.*

€	DKK	DKK	€
1	7,43	10	1,35
2	14,86	20	2,69
3	22,29	25	3,37
4	29,71	30	4,04
5	37,14	40	5,38
7	52,00	50	6,73
8	59,43	70	9,42
9	66,86	80	10,77
10	74,29	90	12,12

CAMPING

Campen ist in Dänemark beinah so etwas wie ein Volkssport. Eine Broschüre mit allen 520 Campingplätzen des Landes verschickt das Dänische Fremdenverkehrsamt. Fast alle Plätze verfügen über Einrichtungen, die beinahe schon dem gehobenen Komfort zugerechnet werden müssen. Viele Plätze haben sich auf Familien spezialisiert und bieten ein entsprechendes Freizeitangebot. Wildes Kampieren ist untersagt *(www.campingraadet.dk)*.

EINREISE

Vorgeschrieben ist entweder Personalausweis oder Reisepass, am Tag der Einreise mindestens noch drei Monate gültig.

FÄHREN

Nahezu alle bewohnten Inseln des Königreichs sind mit Fähren zu erreichen, auf den allermeisten können auch Autos befördert werden. Als Faustregel kann gelten: eine einfache Fahrt mit einer Fähre, die eine Stunde zu ihrem Ziel unterwegs ist, kostet für einen PKW (vier Passagiere inklusive) ca. 26 Euro.

Außerhalb der Hochsaison, die mit dem September endet, sinken die Preise teilweise um bis zu 50 Prozent. Über *www.scandlines.dk* können Preise und Fahrtzeiten abgerufen werden.

FERIENHÄUSER

Es gibt mehr als 100 000 Ferienhäuser in Dänemark, 30 000 werden vermietet. Es ist alles im Angebot: Luxus, gehobene Mittelklasse mit Sauna, Kaminofen und Kühlschrank, Mittelklasse mit einfachem Komfort und das profane Ferienhaus, ausgestattet mit den alten Möbeln von Oma. Die größten Anbieter von Sommerhäusern in Deutschland sind Novasol, Sonne und Strand, Dansommer und der Urlaubsring, ein Zusammenschluss von 13 regionalen Touristinformationen in Dänemark, die eigene Broschüren auf Deutsch herausgeben, *www.urlaubsring.de*.

GESUNDHEIT

Im Fall einer akut auftretenden oder einer sich extrem verschlimmernden chronischen Erkrankung besteht die Möglichkeit, gratis behandelt zu werden. Allerdings nur, wenn der Patient zu schwach für die Heimreise ist und nicht nach Dänemark gereist ist, um sich hier behandeln zu lassen. In Kopenhagen gibt es eine so genannte *Turistlægevagt,* einen Notarzt für Touristen. Der Notdienst ist außerhalb der normalen Öffnungszeiten *(8 bis 16 Uhr)* der Arztpraxen unter *Tel. 33 93 63 00* zu erreichen. Landesweit wird unter *Tel. 38 88 60 41* außerhalb der ärztlichen Sprechzeiten und am Wochenende über

Möglichkeiten zur Behandlung informiert. Ohne das EU-Formular E-111, das man bei seiner Krankenkasse bekommt, geht nichts in dänischen Apotheken.

INTERNET

Viele Hotels, Restaurants, Museen oder Vergnügungsparks sind im Internet zu finden, aber auch Regionen und Städte stellen sich vor. Nicht immer werden die Websites regelmäßig aktualisiert, manchmal finden sich nur sehr generelle Hinweise. Aber zum Schnuppern eignet sich das Internet doch ganz vorzüglich. Unter *aok.com* findet sich Diverses zu Kopenhagen und Seeland; *woco.com* informiert über aktuelle Ereignisse in der dänischen Hauptstadt und gibt jede Menge Tipps zu allen Bereichen.

INTERNETCAFÉS

Sie sind in allen größeren Städten zu finden, der Preis pro Stunde liegt um 2 Euro. Eine Auswahl:
– *Kopenhagen*: *Mind the Gab, Studiestræde 14, Tel. 33 32 00 94;*
– *Aarhus*: *Net House, Nørre Alle, Tel. 87 30 00 96;*
– *Odense*: *The Last Frontier, Overgade 13, Tel. 65 91 20 10*

LITERATUR

Der Schlüssel liegt, wie so oft, in der Vergangenheit: Der dänische Sensationsfotograf Peter Lime steht im Mittelpunkt des Krimis *Der Augenblick der Wahrheit* von Leif Davidsen. Im Kinderbuch *Ferien in Dänemark* von Corinna Kraus-Naujeck entdecken Anton und Jonathan Gegenwart und Vergangenheit des Landes. Appetit auf mehr macht der aufwändig gestaltete Bildband *Dänemark* von Annette Schlosser und Udo Haffke.

NOTRUF

Unter *Tel. 112* sind Polizei, Feuerwehr und Notärzte zu erreichen.

ÖFFENTLICHE VERKEHRSMITTEL

Bahnen und Busse verbinden alle Städte und kleineren Ortschaften. Auf dem Land fahren die Busse allerdings nicht viel häufiger als drei- oder viermal am Tag. Busfahren ist nicht teuer und kann sogar, wie z. B. auf der Route von Faaborg nach Svendborg auf Fünen, zu einem Erlebnis werden. Der Bus hält, wo es der Fahrgast wünscht; das gilt jedenfalls für das Aussteigen.

ÖFFNUNGSZEITEN

Das dänische Ladenschlussgesetz überlässt es dem einzelnen Inhaber, wann er öffnen möchte, deshalb können die Zeiten *(in der Regel Mo–Fr 9 oder 10–17.30 oder 18, Do oder Fr bis 19 oder 20, Sa bis 12 oder 14 Uhr)* variieren. Sonnabend nachmittags und an Sonn- und Feiertagen haben Bäckereien, Kioske und Blumenläden geöffnet, Kioske manchmal bis spät in die Nacht.

POST

Öffnungszeiten der Postämter: *Mo bis Fr 9.30–18, Sa 9.30–13 Uhr*. Auf dem Land verkaufen oft die örtlichen Supermärkte Briefmarken *(frimærker)*, Brief und Postkarte kosten jeweils 4,50 Kronen.

PREISE & WÄHRUNG

Das Preisniveau in Dänemark entspricht etwa dem in Deutschland. Selbst Spirituosen sind nur noch um ca. 20 Prozent teurer. Nahrungsmittel kosten kaum mehr als bei uns. Offizielles Zahlungsmittel ist die Dänische Krone, der Umrechnungskurs beträgt etwa 1:8.

STROM

Alle elektrischen Apparate können ohne Gefahr für Leib oder Gerät benutzt werden. Die Stecker passen in die dänischen Steckdosen, die etwas anders aussehen als die deutschen, aber sich technisch nicht unterscheiden.

TELEFON & HANDY

Münzapparate geben das Geld, das einmal eingeworfen wurde, nicht wieder heraus. Es besteht allerdings die Möglichkeit, dass der Angerufene die Kosten des Anrufs über nimmt. Die entsprechende Funktion heißt *Modtageren betaler.* Die Vorwahl nach Deutschland lautet 0049, nach Österreich 0043, in die Schweiz 0041. Aus allen drei Ländern nach Dänemark 0045. Die Verbindung mit dem Handy ist nirgends in Dänemark ein Problem, wenn der deutsche Anbieter mit dänischen Anbietern ein Roamingabkommen geschlossen hat. Die dänischen Netze sind perfekt ausgebaut und funktionieren sogar auf den Fähren mitten im Kattegat.

TRINKGELD

Trinkgeld ist in den Preisen bereits enthalten (als mitberechneter Aufschlag). Es ist deshalb nicht üblich, Trinkgeld zu geben. Wer es trotzdem tut, macht natürlich nichts verkehrt.

UNTERKUNFT

Das Hotelwesen, man muss es so scharf sagen, hat im Großen und Ganzen den Anschluss an die Moderne doch ein wenig verschlafen. Erst in den letzten Jahren hat eine neue Bewegung eingesetzt, die auf Luxus und die etwas kühle, aber zweckmäßige Eleganz setzt, die von Geschäftsleuten bevorzugt wird. Ein Doppelzimmer in einem guten Hotel ist selten unter 130 Euro zu haben. An Wochenenden gelten, ganz im Unterschied zu Deutschland, oft niedrigere Sonderpreise: Rabatte von bis zu 25 Prozent sind drin *(www.danishhotels.dk). Dansk Kroferie* bietet das ganze Jahr über mit einem speziellen Rabattsystem Nachlässe von bis

Was kostet wie viel?

Imbiss	**2,40 Euro**	für einen Hotdog mit Bratwurst
Eis	**2,70 Euro**	für ein großes Softeis
Bier	**1,20 Euro**	für eine Flasche Starkbier
Wasser	**1 Euro**	für Mineralwasser/Cola
Benzin	**1,10 Euro**	für einen Liter Super
Imbiss	**ab 2 Euro**	für ein smørrebrød

zu 40 Prozent *(www.danskkrofe rie.dk)*. In den letzten Jahren hat es die aufstrebende Bed-&-Breakfast-Bewegung verstanden, sich die Hotelmisere zu Nutze zu machen. Es gibt beinah überall im Land ansprechende Angebote *(www.bbdk.dk.)*. Nobel und manchmal auch elegant wohnt es sich in vielen der knapp 60 Schlösser und Herrenhäuser, die Zimmer vermieten, Info: *www. schloesser-herrensitze.dk*. Über Jugenherbergen informiert *www.dan hostel.dk*.

WETTER

Im Sommer scheint allen Vorurteilen zum Trotz die Sonne über Dänemark genauso häufig wie zum Beispiel über Bayern. Die Temperaturen können bis zu 30 Grad erreichen. An der Westküste nimmt der dauernde Wind der Sonne ihre aggressive Note. Aber Vorsicht: Der Wind täuscht über die wahre Strahlkraft der Sonne. Auch bei bedecktem Himmel sollte man sich immer mit Sonnencreme einreiben. Dänemarks Meterologisches Institut bietet eine deutsche Wettervorhersage für die jeweils kommenden fünf Tage: *www.dmi.dk*.

ZOLL

Personen über 17 Jahre dürfen einmal in 24 Stunden 300 Zigaretten oder 150 Zigarillos oder 50 Zigarren oder 400 Gramm Tabak einführen, außerdem 1,5 Liter Spirituosen. Für Wein und Bier gilt: Die eingeführte Menge soll den persönlichen Bedarf nicht übersteigen. Preisfrage: Wie viel genau ist persönlicher Bedarf?

Wetter in Kopenhagen

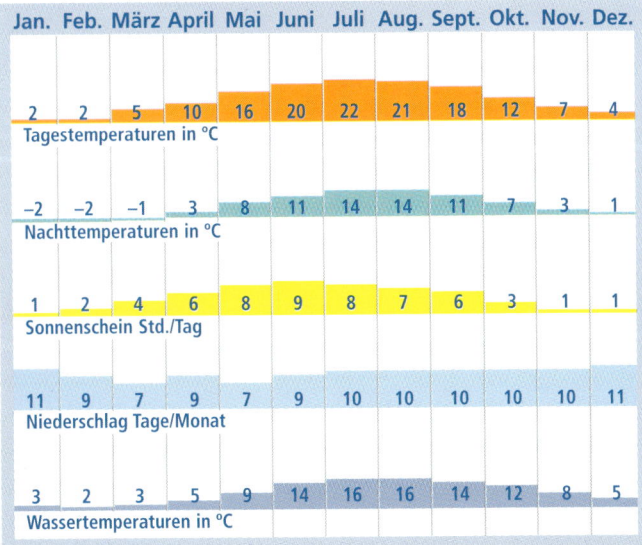

	Jan.	Feb.	März	April	Mai	Juni	Juli	Aug.	Sept.	Okt.	Nov.	Dez.
Tagestemperaturen in °C	2	2	5	10	16	20	22	21	18	12	7	4
Nachttemperaturen in °C	−2	−2	−1	3	8	11	14	14	11	7	3	1
Sonnenschein Std./Tag	1	2	4	6	8	9	8	7	6	3	1	1
Niederschlag Tage/Monat	11	9	7	9	7	10	10	10	10	10	10	11
Wassertemperaturen in °C	3	2	3	5	9	14	16	16	14	12	8	5

Taler du dansk?

»Sprichst du Dänisch?«
Dieser Sprachführer hilft Ihnen, die wichtigsten
Wörter und Sätze auf Dänisch zu sagen

> Zur Erleichterung der Aussprache sind alle dänischen Wörter mit einer einfachen Aussprache (in eckigen Klammern) versehen.

AUF EINEN BLICK

Ja./Nein./Vielleicht.	Ja. [ja]/Nej. [nei]/Måske. [moskeh]
Bitte.	Vær så venlig. [wär so wännli]
	Vær så god. [wärs' goh]
Danke.	Tak. [tack]
Vielen Dank!	Mange tak. [mange tack]
Gern geschehen.	Det var så lidt. [deh war so litt]
Entschuldigung!	Undskyld! [onnsküll]
Wie bitte?	Hvad behager? [wa behar]
Ich verstehe Sie/dich nicht.	Jeg forstår Dem/dig ikke. [jei forstohr dämm igge]
Ich spreche nur wenig ...	Jeg taler kun lidt ... [jei täler kunn litt]
Können Sie mir bitte helfen?	Undskyld, kan De hjælpe mig? [onnsküll, kann die jälpe mei]
Ich möchte ...	Jeg vil gerne ... [jei will gärne]
Das gefällt mir (nicht).	Det kan jeg (ikke) lide. [deh kann jei (igge) lie]
Haben Sie ...?	Har De ...? [har die]
Wie viel kostet es?	Hvad koster det? [wa koster deh]
Wie viel Uhr ist es?	Hvad er klokken? [wa är kloggen]

KENNENLERNEN

Guten Morgen!	God morgen! [goh morn]
Guten Tag!	Goddag! [goh däh]
Guten Abend!	God aften! [goh aften]
Hallo! Grüß dich!	Hallo!/Hej! Dav! [halloh/hei/dau]
Mein Name ist ...	Mit navn er ... [mit naun är]
Wie ist Ihr Name, bitte?	Undskyld, hvad er Deres navn? [onnsküll, wa är däres naun]
Wie geht es Ihnen?	Hvordan har De det? [wordann har die deh]
Danke. Und Ihnen/dir?	Godt, tak. Hvad med Dem/dig?

113

[gott tack. Wa med dämm/dei]

Auf Wiedersehen!	Farvel! [fahrwäll]
Bis morgen!	Vi ses i morgen! [wi sehs i morn]

UNTERWEGS

Auskunft

links/rechts	venstre/højre [wänstre/heure]
geradeaus	lige ud [lie ud]
nah/weit	tæt/fjernt [tätt/fjärnt]
Bitte, wo ist …	Undskyld, hvor er … [onnsküll, wor är]
… der Bahnhof?	… banegården? [bähnegohren]
… die U-Bahn?	… S-toget? [äss-touet]
… der Flughafen?	… lufthavnen? [lofthaunen]
Wie weit ist das?	Hvor langt er der? [wor langt är der]

Panne

Ich habe eine Panne.	Jeg har en skade på bilen. [jei hahr en skähde po bielen]
Würden Sie mir bitte einen Abschleppwagen schicken?	Vil De være venlig at sende mig en kranvogn? [will die währe wännli att sänne mei en krahnwoun]
Wo ist hier in der Nähe eine Werkstatt?	Hvor er der et værksted? [wor är der et wärksted]

Tankstelle

Wo ist bitte die nächste Tankstelle?	Undskyld, hvor er den nærmeste tankstation? [onnsküll, wor är den närmeste tankstaschohn]
Ich möchte … Liter …	Jeg vil gerne have … liter … [jei will gärne häh … liter]
… Normalbenzin.	… oktan 93. [oktähn tre-ou-hallfämms]
… Super.	… oktan 95/98. [oktähn fem-ou-hallfämms/ohde-ou-hallfämms]
… Diesel.	… diesel. [diesel]
… bleifrei/verbleit.	… blyfri/blyholdig. [blühfrie/blühholldig]
… mit … Oktan.	… med … oktan. [med … oktähn]
Voll tanken, bitte.	Vær venlig at fylde helt op. [währ wännli att fülle hehlt opp]

Unfall

Hilfe!	Hjælp! [jälp]
Vorsicht!	Pas på [pas poh]
Rufen Sie bitte schnell …	Tilkald hurtigt … [tillkall hurdit]
… einen Krankenwagen.	… en ambulance. [en ambulangse]
… die Polizei.	… politiet. [politiet]
… die Feuerwehr.	… brandvæsenet. [brannwähsnet]

Es war meine/Ihre Schuld.
Det var min/Deres skyld.
[de var mien/dähres küll]

Geben Sie mir bitte Ihren
Namen und Ihre Anschrift.
Vær venlig at give mig Deres
navn og adresse. [währ wänni att gie
mei dähres naun ou adrässe]

ESSEN/UNTERHALTUNG

Wo gibt es hier
ein gutes Restaurant?
Hvor er der en god restaurant?
[wor är der en goh resdaurang]

Gibt es hier eine
gemütliche Kneipe?
Er der et hyggeligt værtshus?
[är der et hüggelit wärtshus]

Reservieren Sie uns bitte
für heute Abend einen
Tisch für vier Personen.
Vil De være venlig at reservere et bord
til i aften til fire personer.
[will die währe wänni att reserwehre
et bohr till i afften till fier persohner]

Auf Ihr Wohl!
Skål! [skohl]

Bezahlen, bitte.
Jeg vil gerne betale. [jei will gärne betähle]

Wo kann man hier
tanzen gehen?
Hvor kan man gå hen at danse?
[wor kann mann goh hänn att danse]

EINKAUFEN

Wo finde ich …
Hvor finder jeg … [wor finner jei]

   … eine Apotheke?
   … et apotek? [et apotek]

   … eine Bäckerei?
   … et bageri? [et bäjerie]

   … Fotoartikel?
   … fotoartikel? [fotoartikel]

   … ein Kaufhaus?
   … et varehus? [et wahrehuhs]

   … ein Lebensmittelgeschäft?
   … en købmand? [en köbmann]

   … einen Markt?
   … torvet? [torwet]

ÜBERNACHTUNG

Können Sie mir bitte …
empfehlen?
Kunne De anbefale mig …
[kunne die anbefähle mei]

   … ein gutes Hotel …
   … et godt hotel? [et gott hotel]

   … eine Pension …
   … en pension? [en pangschon]

Ich habe bei Ihnen ein
Zimmer reserviert.
Jeg har reserveret et værelse her.
[jei hahr reserwehret et währelse her]

Haben Sie noch Zimmer
frei?
Har De ledige værelser?
[hahr die ledige währelser]

   ein Einzelzimmer
   et enkeltværelse [et enkeltwährelse]

   ein Doppelzimmer
   et dobbeltværelse [et dobbeltwährelse]

   mit Dusche/Bad
   med brusebad/bad
   [med bruhsebad/bad]

   für eine Nacht
   for en nat [for en natt]

   für eine Woche
   for en uge [for en uhe]

Was kostet das Zimmer mit …	Hvad koster værelset med … [wa koster währelset med]
… Frühstück?	… morgenmad? [mornmäd]
… Halbpension?	… halvpension? [hallpangschohn]

Arzt

Können Sie mir einen guten Arzt empfehlen?	Kan De anbefale mig en god læge? [kann die anbefähle mei en goh lähje]
Ich habe hier Schmerzen.	Jeg har ondt her. [jei hahr onnt her]

Bank

Wo ist hier bitte eine Bank?	Undskyld, hvor er der en bank? [onnsküll, wor är der en bank]
… eine Wechselstube?	… et vekselkontor? [et wäkselkontohr]
Ich möchte … Euro (Schweizer Franken) in Kronen umwechseln.	Jeg vil gerne veksle euro (schweizerfrancs) til kroner. [jei will gärne wäksle euro (schweizerfrancs) till kroner]

Post

Was kostet …	Hvad koster … [wa koster]
… ein Brief…	… et brev… [et brew]
… eine Postkarte…	… et postkort… [et postkort]
… nach Deutschland?	… til Tyskland? [till tüsklann]

ZAHLEN

0	nul [noll]	18	atten [atten]
1	en [ehn]	19	nitten [nitten]
2	to [toh]	20	tyve [tühwe]
3	tre [treh]	21	enogtyve [ehn-ou-tühwe]
4	fire [fier]	22	toogtyve [toh-ou-tühwe]
5	fem [fämm]	30	tredive [trähdwe]
6	seks [säks]	40	fyrre [föhr]
7	syv [süw]	50	halvtreds [hallträss]
8	otte [ohde]	60	tres [träss]
9	ni [nie]	70	halvfjerds [hallfjährs]
10	ti [tie]	80	firs [fiers]
11	elleve [älwe]	90	halvfems [hallfämms]
12	tolv [toll]	100	et hundrede [et hunnrede]
13	tretten [trätten]	200	to hundrede [toh hunnrede]
14	fjorten [fjohrten]	1000	et tusinde [et tuhsinn]
15	femten [fämmten]	10 000	ti tusinde [tie tuhsinn]
16	seksten [seisten]	1/2	en halv [en hall]
17	sytten [sütten]	1/4	en kvart [en kwart]

Reiseatlas Dänemark

**Die Seiteneinteilung für den Reiseatlas finden Sie
auf dem hinteren Umschlag dieses Reiseführers**

Mit freundlicher Unterstützung von

kein urlaub ohne
holiday
autos
www.holidayautos.com

total relaxed in den urlaub: einsteiger-übung

1. lehnen sie sich entspannt zurück und gleiten sie in gedanken zu den cleveren angeboten von holiday autos. stellen sie sich vor, als weltgrösster vermittler von ferienmietwagen bietet ihnen holiday autos

   - mietwagen in über 80 urlaubsländern
   - zu äusserst attraktiven preisen

2. vergessen sie jetzt die üblichen zuschläge und überraschungen. dank

   - alles inklusive tarife
   - wegfall der selbstbeteiligung
   - und min. 1,5 mio € haftpflichtdeckungssumme (usa: 1,1 mio €)

   steht ihr endpreis bei holiday autos von anfang an fest.

3. nehmen sie ganz ruhig den hörer, wählen sie die telefonnummer **0180 5 17 91 91** (12cent/min), surfen sie zu **www.holidayautos.com** oder fragen sie in ihrem reisebüro nach den topangeboten von holiday autos!

kein urlaub ohne

holiday autos

Autobahn mit Anschlussstelle		

Autobahn mit Anschlussstelle
Motorway with junction

Autobahn in Bau
Motorway under construction
Datum, Date

Autobahn in Planung
Motorway projected
Datum, Date

®
Raststätte mit
Übernachtungsmöglichkeit
Roadside restaurant and hotel

®
Raststätte ohne
Übernachtungsmöglichkeit
Roadside restaurant

®
Erfrischungsstelle, Kiosk
Snackbar, kiosk

⊤ A
Tankstelle, Autohof
Filling-station, Truckstop

Autobahnähnliche Schnell-
straße mit Anschlussstelle
Dual carriage-way with
motorway characteristics
with junction

Straße mit zwei
getrennten Fahrbahnen
Dual carriage-way

Durchgangsstraße
Thoroughfare

Wichtige Hauptstraße
Important main road

Hauptstraße
Main road

Sonstige Straße
Other road

Fernverkehrsbahn
Main line railway

Bergbahn
Mountain railway

Autotransport
per Bahn
Transport of cars
by railway

Autofähre
Car ferry

Schifffahrtslinie
Shipping route

Landschaftlich besonders
schöne Strecke
Route with
beautiful scenery

Routes
des Crêtes
Touristenstraße
Tourist route

Straße gegen Gebühr befahrbar
Toll road

Straße für Kraftfahrzeuge
gesperrt
Road closed
to motor traffic

Zeitlich geregelter Verkehr
Temporal regulated traffic

15%
Bedeutende Steigungen
Important gradients

★★ **PARIS**
★★ *la Alhambra*
★ **TRENTO**
★ *Comburg*

★★ **Rodos**
★★ *Fingal's cave*
★ **Korab**
★ *Jaskinia raj*

Kultur
Culture

Eine Reise wert
Worth a journey

Lohnt einen Umweg
Worth a detour

Landschaft
Landscape

Eine Reise wert
Worth a journey

Lohnt einen Umweg
Worth a detour

Besonders schöner Ausblick
Important panoramic view

Ausflüge & Touren
Excursions & tours

Nationalpark, Naturpark
National park, nature park

Sperrgebiet
Prohibited area

4807
Bergspitze mit Höhenangabe
in Metern
Mountain summit with height
in metres

(630)
Ortshöhe
Elevation

Kirche
Church

Kirchenruine
Church ruin

Kloster
Monastery

Klosterruine
Monastery ruin

Schloss, Burg
Palace, castle

Schloss-, Burgruine
Palace ruin, castle ruin

Denkmal
Monument

Wasserfall
Waterfall

Höhle
Cave

Ruinenstätte
Ruins

Sonstiges Objekt
Other object

Jugendherberge
Youth hostel

Badestrand · Surfen
Bathing beach · Surfing

Tauchen · Fischen
Diving · Fishing

Verkehrsflughafen
Airport

Regionalflughafen · Flugplatz
Regional airport · Airfield

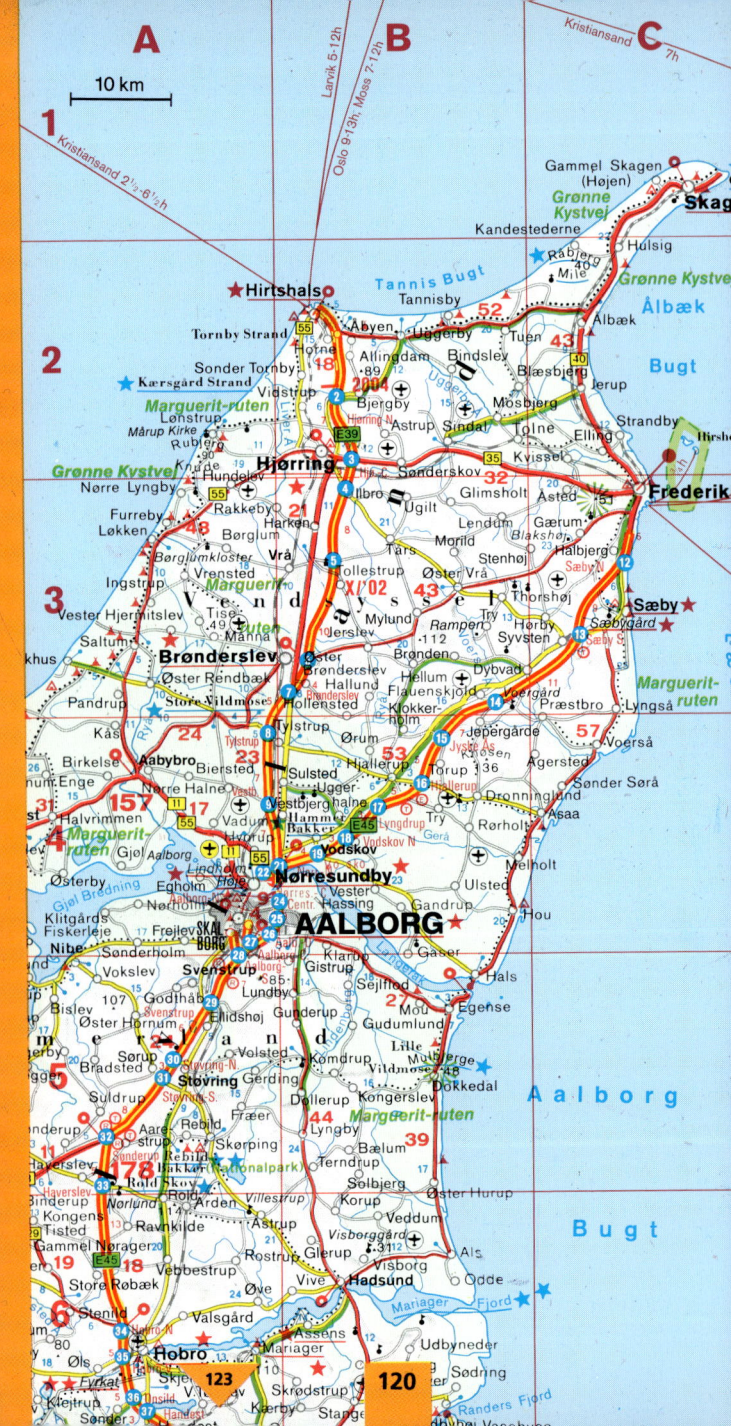

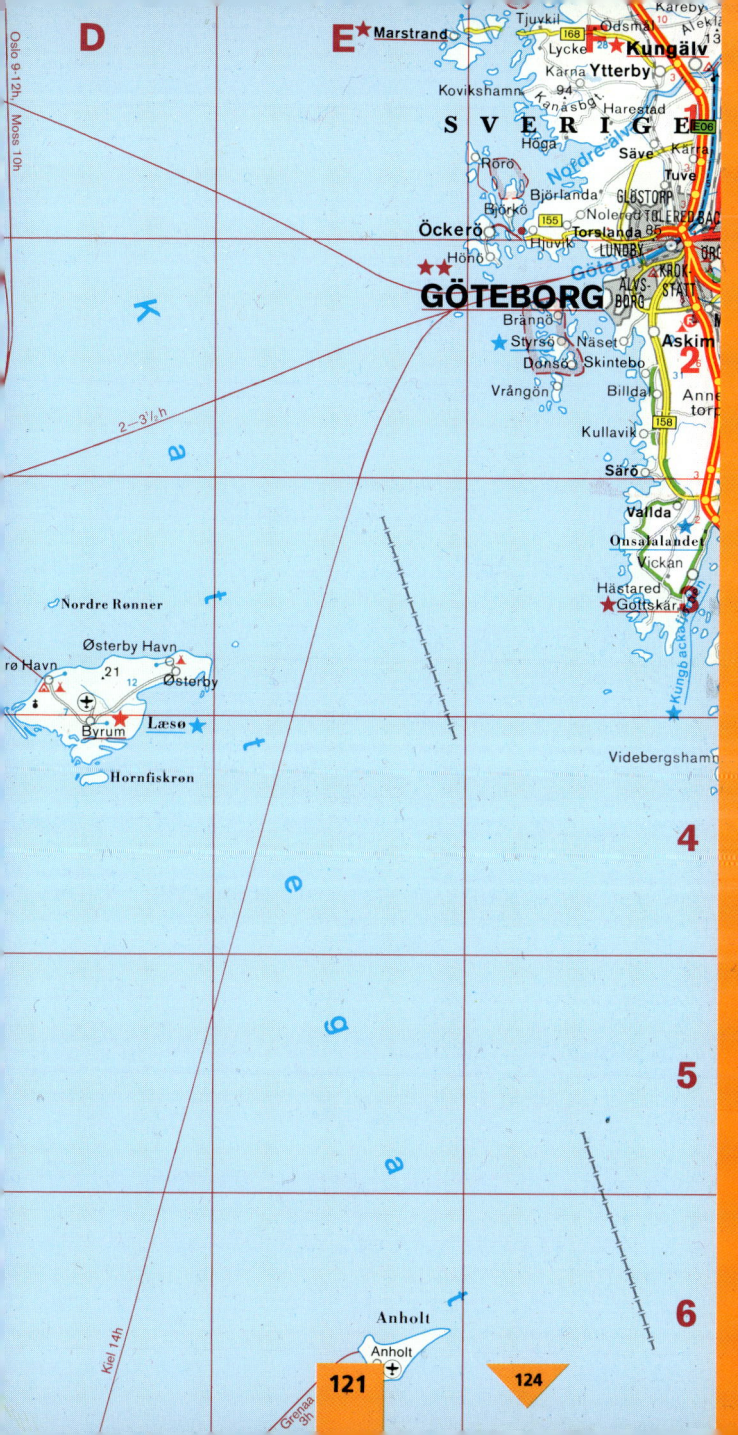

Tjuvkil   Ödsmål   Aleka
Lycke   10   13
★ Kungälv
Karna   Ytterby
Koviksham   94
Snäsbg

S V E R I G E   E06

Höga   Säve   Kärra
Röro   Tuve
Björkö   Björlanda   GLÖSTORP
155   Nolered   TOLERED BAC
Öckerö   Hjuvik   Torslanda   85
LUNDBY   ÖR
Hönö   Göta   KRO
★ ★   ÄLVS   STAT
BORG
GÖTEBORG
Brännö   M
★ Styrsö   Näset   ★ Askim
Dönsö   Skintebo   2
Vrångön   Billdal   Anne
torp
158
Kullavik
3
Säröö
Vallda ●
Onsalalandet
Vickan
Hästared
★ Gottskär   3

Nordre Rønner

Østerby Havn
rø Havn   ⚓
.21   12   Østerby
Byrum   ★   Læsø ★

Hornfiskrøn

Videbergsham

4

K
a
t
t
e
g
a
t

2–3¹/₄ h

Oslo 9–12h, Moss 10h

5

Anholt
Anholt ⊕

Kiel 14h   121   124   6

Gremaa
3h

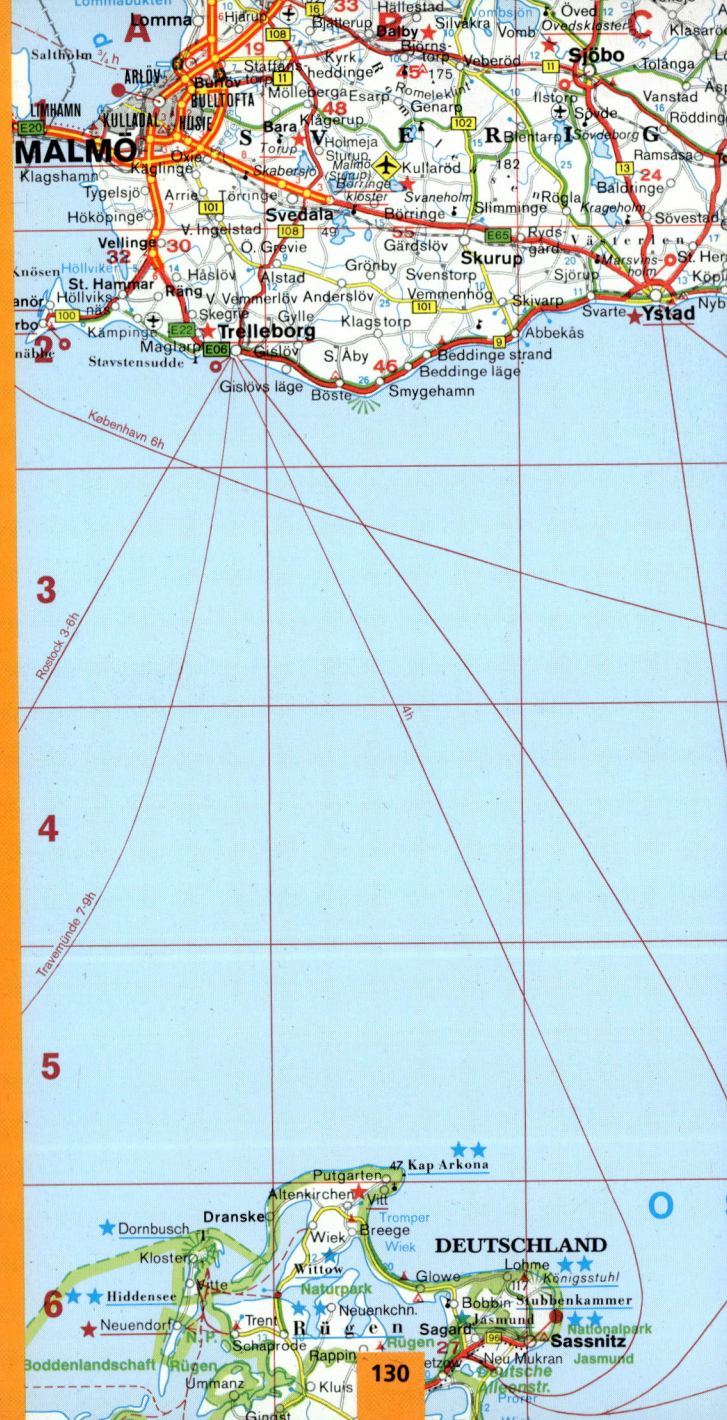

total relaxed in den urlaub: übung für fortgeschrittene

1. schliessen sie die augen und denken sie intensiv an das wunderbare wort „ferienmietwagen zum alles inklusive preise". stellen sie sich viele extras vor, die bei holiday autos alle im preis inbegriffen sind:

- unbegrenzte kilometer
- haftpflichtversicherung mit min. 1,5 mio €uro deckungssumme (usa: 1,1 mio €uro)
- vollkaskoversicherung ohne selbstbeteiligung
- kfz-diebstahlversicherung ohne selbstbeteiligung
- alle lokalen steuern
- flughafenbereitstellung
- flughafengebühren

2. atmen sie tief ein und lassen sie vor ihrem inneren auge die zahlreichen auszeichnungen vorbeiziehen, die holiday autos in den letzten jahren erhalten hat.

sie buchen ja nicht irgendwo.

3. nehmen sie ganz ruhig den hörer, wählen sie die telefonnummer **0180 5 17 91 91 (12cent/min)**, surfen sie zu **www.holidayautos.com** oder fragen sie in ihrem reisebüro nach den topangeboten von holiday autos!

kein urlaub ohne

holiday autos

MARCO ⊕ POLO

Für Ihre nächste Reise gibt es folgende Titel:

Deutschland

Allgäu
Amrum/Föhr
Bayerischer Wald
Berlin
Bodensee
Chiemgau/
  Berchtesgaden
Dresden
Düsseldorf
Eifel
Erzgebirge/Vogtl.
Franken
Frankfurt
Hamburg
Harz
Heidelberg
Köln
Leipzig
Lüneburger Heide
Mark Brandenburg
Mecklenburgische
  Seenplatte
Mosel
München
Nordseeküste:
  Schleswig-Holst.
Oberbayern
Ostfries. Inseln
Ostfriesland:
  Nordseeküste
  Niedersachsen
Ostseeküste:
  Mecklenburg-
  Vorpommern
Ostseeküste:
  Schleswig-Holst.
Pfalz
Potsdam
Rügen
Schwarzwald
Spreewald/Lausitz
Stuttgart
Sylt
Thüringen
Usedom
Weimar
Die besten Weine
  in Deutschland
Die tollsten
  Musicals in
  Deutschland

Frankreich

Bretagne
Burgund
Côte d'Azur
Disneyland Paris
Elsass
Frankreich
Frz. Atlantikküste
Korsika
Languedoc-
  Roussillon
Loire-Tal
Normandie
Paris
Provence

Italien
Malta

Capri
Dolomiten
Elba
Emilia-Romagna
Florenz
Gardasee
Golf von Neapel
Ischia
Italien
Italien Nord
Italien Süd
Ital. Adria
Ital. Riviera
Mailand/
  Lombardei
Malta
Oberital. Seen
Piemont/Turin
Rom
Sardinien
Sizilien
Südtirol
Toskana
Umbrien
Venedig
Venetien/Friaul

Spanien
Portugal

Algarve
Andalusien
Azoren
Barcelona
Costa Blanca
Costa Brava
Costa del Sol/
  Granada
Fuerteventura
Gomera/Hierro
Gran Canaria
Ibiza/Formentera
Lanzarote
La Palma
Lissabon
Madeira
Madrid
Mallorca
Menorca
Portugal
Spanien
Teneriffa

Nordeuropa

Bornholm
Dänemark
Finnland
Island
Kopenhagen
Norwegen
Schweden

Osteuropa

Baltikum
Budapest

Königsberg/ Ost-
  preußen Nord
Masurische Seen
Moskau
Plattensee
Polen
Prag
Riesengebirge
Rumänien
Russland
St. Petersburg
Slowakei
Tschechien
Ungarn

Österreich
Schweiz

Berner Oberland/
Bern
Kärnten
Österreich
Salzburg/
  Salzkammergut
Schweiz
Tessin
Tirol
Wien
Zürich

Westeuropa
und Benelux

Amsterdam
Brüssel
England
Flandern
Irland
Kanalinseln
London
Luxemburg
Niederländ. Küste
Niederlande
Schottland
Südengland
Wales

Südosteuropa

Athen
Bulgarien
Chalkidiki
Griechenland
  Festland
Griechische
  Inseln/Ägäis
Ionische Inseln
Istrien/Kvarner
Istanbul
Korfu
Kos
Kreta
Kroatische Küste
Peloponnes
Rhodos
Samos
Türkei
Türkische
  Mittelmeerküste
Zypern

Nordamerika

Alaska
Chicago und
  die Großen Seen
Florida
Hawaii
Kalifornien
Kanada
Kanada Ost
Kanada West
Los Angeles
New York
Rocky Mountains
San Francisco
USA
USA Neuengland
USA Ost
USA Südstaaten
USA Südwest
USA West
Washington, D.C.

Mittel- und
Südamerika
Antarktis

Antarktis
Argentinien/
  Buenos Aires
Bahamas
Barbados
Brasilien/
  Rio de Janeiro
Chile
Costa Rica
Dominikanische
  Republik
Ecuador/
  Galapagos
Jamaika
Karibik I
Karibik II
Kuba
Mexiko
Peru/Bolivien
Südamerika
Venezuela
Yucatán

Afrika
Vorderer Orient

Ägypten
Dubai/Emirate/
  Oman
Israel
Jemen
Jerusalem
Jordanien
Kenia
Libanon
Marokko
Namibia
Südafrika
Syrien
Türkei
Türkische
  Mittelmeerküste
Tunesien

Asien

Bali/Lombok
Bangkok
China
Hongkong
Indien
Japan
Ko Samui/
  Ko Phangan
Malaysia
Nepal
Peking
Philippinen
Phuket
Singapur
Sri Lanka
Taiwan
Thailand
Tokio
Vietnam

Indischer Ozean
Pazifik

Australien
Hawaii
Malediven
Mauritius
Neuseeland
Seychellen
Südsee

Sprachführer

Arabisch
Englisch
Französisch
Griechisch
Italienisch
Kroatisch
Niederländisch
Norwegisch
Polnisch
Portugiesisch
Russisch
Schwedisch
Spanisch
Tschechisch
Türkisch
Ungarisch

Hier finden Sie alle in diesem Reiseführer erwähnten Orte und Ausflugsziele, wichtige Sachbegriffe und Personen. Halbfette Seitenzahlen verweisen auf den Haupteintrag, kursive auf ein Foto.

Schreiben Sie uns!

Liebe Leserin, lieber Leser,

wir setzen alles daran, Ihnen möglichst aktuelle Informationen mit auf die Reise zu geben. Dennoch schleichen sich manchmal Fehler ein – trotz gründlicher Recherche unserer Autoren/innen. Sie haben sicherlich Verständnis, dass der Verlag dafür keine Haftung übernehmen kann. Wir freuen uns aber, wenn Sie uns schreiben.

Senden Sie Ihre Post an die MARCO POLO Redaktion, Mairs Geographischer Verlag, Postfach 31 51, 73751 Ostfildern, marcopolo@mairs.de

Impressum

Titelbild: Marstal/Ærø (Mauritius: Curtis)
Fotos: Foto-Presse: Timmermann (84); R. Freyer (Umschlag r., 7, 9, 18, 22, 83, 86, 87); U. Haafke (2 u., 5 o., 11, 14, 30, 31, 35, 40, 49, 52, 57, 64, 68, 70, 73, 74, 100, 102); G. Hartmann (Umschlag l., Umschlag M., 1, 2 o., 6, 12, 26, 32, 44, 45, 98); HB Verlag (17, 20, 28, 34, 59, 67, 76, 95, 97, 105, 106); Lade: Wenske (5 u., 82); Mauritius: Curtis (117), Nägele (54); Schapowalow: Nacivet (92); D. Schröder (24, 25); T. Stankiewicz (4, 27, 39, 61)

1. (9.), aktualisierte Auflage 2002 © Mairs Geographischer Verlag, Ostfildern
Herausgeber: Ferdinand Ranft, Chefredakteurin: Marion Zorn
Lektor: Manfred Pötzscher, Bildredakteurin: Gabriele Forst
Kartografie Reiseatlas: © Mairs Geographischer Verlag/Falk Verlag, Ostfildern
Gestaltung: red.sign, Stuttgart
Sprachführer: in Zusammenarbeit mit dem Ernst Klett Verlag GmbH, Stuttgart, PONS Wörterbücher
Printed in Germany. Gedruckt auf 100% chlorfrei gebleichtem Papier

Bloß nicht!

Einige Hinweise, damit Sie in Dänemark nicht ungewollt ins Fettnäpfchen treten

Mit mehr als einer Rute angeln

Das gilt als ähnlich unfein wie das Drängeln im Supermarkt. Wer es dennoch tut, der muss damit rechnen, als Nimmersatt und Großtuer angesehen zu werden.

Den Strand mit Sandburgen übersäen

Das Bauen von Burgen gilt als Erkennungszeichen von Urlaubern aus Deutschland. Mehr noch als das bloße Aufhäufeln von Sand schrecken die Dänen vor dem territorialen Anspruch zurück, der unauflöslich mit dem Burgenbauen verbunden zu sein scheint.

Die deutsche Fahne hissen

Die Abneigung vieler Dänen gegen deutsche Fahnen geht natürlich in erster Linie auf die jüngste deutsch-dänische Vergangenheit zurück. Auf keinen Fall sollte man darauf bestehen, eine deutsche Fahne zu hissen. Erstens ist es gesetzlich verboten, und zweitens reagieren die sonst so sanften Dänen in diesem Fall hin und wieder doch ein wenig aggressiv.

Polizisten widersprechen

Die dänische Polizei geht ähnlich rigide vor wie ihre Kollegen in Amerika. Wenn man nett und freundlich bleibt, auch wenn der Ton der Beamten einmal etwas rauer sein sollte, dann fährt man am besten.

Mit dem Kellner Schlitten fahren wollen

Die Deutschen stehen ohnehin in dem Ruf, ungehobelte Gesellen zu sein. Gibt es etwas auszusetzen, dann ruhig, aber bestimmt die Bedienung an den Tisch rufen und ebenso ruhig und bestimmt die Sachlage klären. Auf keinen Fall den starken Mann markieren. Wenn die Dänen eines nicht leiden können, dann das.

So tun, als müsste jeder Däne Deutsch sprechen

Die Haltung »Ich gebe mein Geld, also habe ich das Recht, auch im Ausland in meiner Heimatsprache verstanden zu werden« ist die beste Garantie dafür, die kalte Schulter gezeigt zu bekommen. Es ist wie überall: Ein paar Brocken Dänisch machen nicht nur gut Wetter, es wird Ihnen auch garantiert weitergeholfen.

Herummäkeln

Wer mit der Attitude »bei uns ist alles besser« Punkte sammeln will, der wird sein blaues Wunder erleben. Wenn die Dänen eines nicht leiden können, dann eine Selbstherrlichkeit, die im Gewand des ewigen Mäklers niedermacht, wovon sie im widrigsten Fall selber keine Ahnung hat.